Wetter · Wild · Jagd

Andreas David · Kurt Menzel · Ralf Brauner

Wetter · Wild · Jagd

Andreas David · Kurt Menzel · Ralf Brauner

Im 21. Jahrhundert hat der gute alte Wetterfrosch endgültig ausgedient. Nicht nur aus Sicht des Artenschutzes sollten wir die Laubfrösche in den verbliebenen Habitaten belassen – High-Tech und Wetterdienste bieten uns zuverlässigere Methoden der Wettervorhersage.

Einführung

Über kaum etwas anderes reden wir Menschen so häufig wie über das Wetter. „Wie ist das Wetter bei Euch?“, „Gibt es Regen?“ oder „So ein Sauwetter!“ sind Sätze, die sicher zu den häufigsten Standards menschlicher Konversation gehören. Warum ist das so? Obwohl uns Mitteleuropäern zahlreiche Möglichkeiten offen stehen, sich jedweder Wetterlage zu entziehen, bestimmt das Wetter doch noch immer über einen großen Teil (zumindest) unserer Freizeitgestaltung. Darüber hinaus nimmt es wesentlichen Einfluss auf den Tagesablauf all jener, die im weitesten Sinne unter freiem Himmel ihrer Arbeit nachgehen.

Zu diesen Handwerken gehört seit jeher auch die Jagd – selbst wenn sie heute nur noch wenige von uns berufsmäßig ausüben. Die praktische Jagd findet ausnahmslos draußen statt. Eine Tatsache, die das Weidwerk für uns ebenso liebens- wie erlebenswert macht. Für den Jäger also ist es in der Tat wichtig, sich über das Wetter zu informieren und darüber zu reden. Denn letztlich entscheidet das Wetter in hohem Maße über den Ablauf sowie über Erfolg und Misserfolg einer jeden Jagd, egal ob Ansitz, Pirsch oder irgendeine Form der Gesellschaftsjagd. Daher wird sich der erfolgreiche Jäger stets einen Überblick über die aktuelle und künftig zu erwartende Wetterlage zu verschaffen suchen, und sich den Gegebenheiten bei der Auswahl der Jagdart, der Jagdzeit, des geeignetsten Revierteiles und seiner Ausrüstung anpassen.

Doch was bedeutet Wetter für Wildtiere, für die andere Seite der jagdlichen Medaille? Die einzelnen Wetterparameter gehören zu den so genannten unbelebten (abiotischen) Faktoren der Ökologie, die ursprünglich die Lehre von den Wechselbeziehungen der Lebewesen untereinander und zu ihrer unbelebten Umwelt verkörpert. Außentemperaturen, Sonneneinstrahlung, Niederschläge und Wind sind ständig wechselnde Umweltbedingungen, denen sich Wildtiere alltäglich stellen müssen und die entscheidenden Einfluss zum Beispiel auf ihr Raum-Zeit-Verhalten, auf die Nahrungsaufnahme, auf die Fortpflanzung, auf den Ablauf und die Heilung von Krankheiten und vielem mehr nehmen.

Das Wild kennt weder Nachtspeicheröfen noch Gas- und Ölheizungen und ein offenes Feuer kann es im Winter ebenso wenig entfachen, wie es sich im Sommer einer Klimaanlage oder Ventilatoren bedient, um der sommerlichen Hitze zu trotzen. Freilebende Tiere müssen es nehmen, wie es kommt. Körpereigene physiologische Mechanismen, anatomische Eigenheiten, Haare oder Federn, Wanderungen, die Deckungsstrukturen und andere Elemente ihrer Lebensräume helfen ihnen, sowohl bittere Kälte als auch sengende Hitze sowie Stürme und Unwetter weitgehend schadlos zu überstehen.

Über die Auswirkungen des Wetters auf das Verhalten des Jägers und des Wildes möchte dieses Buch in kompakter Form informieren. Darüber hinaus wird an konkreten Beispielen erläutert, wie Wetterbericht und -karten zu deuten sind und wie man abschätzen kann, was wettermäßig zu erwarten ist und ob es lohnt, rauszugehen oder der heimische Herd vielleicht doch die bessere Wahl ist.

Inhaltsverzeichnis

1. Wild und Wetter

Andreas David

Neben den tage- oder wochenweise vorherrschenden klimatischen Bedingungen, auf die Wildtiere mit ihren artspezifischen Verhaltensmustern reagieren, sind es vor allem die jahreszeitlichen Wechsel zwischen den Winter- und Sommerhalbjahren, auf die sie mit den unterschiedlichsten Anpassungen vorbereitet sein müssen. Denn es sind letztlich die Wetterextreme – Eiseskälte, Gluthitze und hohe Niederschläge in Form von Schnee, Regen oder Hagel – die ihnen zu schaffen machen. Dabei ist zu bedenken, dass sämtliche Haarwildarten und die Standvögel unter dem heimischen Federwild selbst in Mitteleuropa Temperaturspannen von etwa 55 Grad Celsius oder mehr überstehen müssen. Diese Quecksilbersäule entspricht dem Unterschied zwischen heißen Hochsommerphasen mit etwa 35 Grad und sehr kalten Wintertagen mit minus 20 Grad oder darunter – verbunden mit einem ausgeprägten Wechsel des natürlichen Äsungsangebotes.

Als weitestgehend gleichwarme oder warmblütige Tiere müssen unsere Wildarten ihre Körper(kern)-temperatur innerhalb sehr enger Grenzen konstant halten. Bei großer Hitze gilt es also runterzukühlen, bei Eiseskälte zu „heizen“ oder durch Ortswechsel und andere Mechanismen tiefen Minusgraden zu trotzen.

Im Folgenden soll daher zunächst beispielhaft auf unterschiedliche Anpassungen zahlreicher Wildarten an die genannten Bedingungen eingegangen werden. Dabei sollten wir, bei allen Hegebemühungen, nicht vergessen, dass die wetter- oder klimatisch bedingten Verluste, egal zu welcher Jahreszeit, Mechanismen der natürlichen Selektion und natürliche Regulative von Wildtierpopulationen sind. Das jagdpraktisch relevante Verhalten der heimischen Wildarten bei den unterschiedlichsten Wetterlagen wird später im Einzelnen zu erörtert.

Winterstrategien – Energie speichern und sparen

Haarwild – Wintermäntel und Fettreserven

Seit Tagen schon zeigt das Thermometer vor der Wildkammer zweistellige Minusgrade an. Die bittere Kälte, Eis und Schnee prägen das Gesicht der Landschaft. Still, fast erstarrt und verlassen wirken die Reviere und guter Anblick ist selten. Am auffälligsten verhalten sich noch einige Kleinvogelarten wie diverse Meisen, Goldammer, Rotkehlchen, Dompfaff, Grünfink und Amsel oder verwandte Drosselarten. Hinzu kommen Ringeltauben, Raben- und Greifvögel. Fährten, Spuren und Geläufe zeugen jedoch von weiterem Leben. Andere vertraute Pirschzeichen fehlen aber völlig.

Was kennzeichnet den Winter aus Sicht der Wildtiere, wie gehen sie damit um? Immerhin ist zum Beispiel die durchschnittliche Höhe der winterlichen Schneelage vielfach der entscheidende Faktor für die Verbreitung beziehungsweise die schwankenden Arealgrenzen einer Art. Um als Warmblüter die eigene, artspezifische Körperkerntemperatur aufrechterhalten zu können, bedarf es zunächst eines Minimums an „von außen“ oder durch körpereigene Reserven zugeführter Energie. Die benötigte Energiemenge steigt im Herbst und Winter mit sinkender Außentemperatur und verringerter Sonneneinstrahlung. Das geringe Angebot und die schlechte Qualität der Nahrung bilden den eigentlichen

Abb. 1
Im Winter geht es für die „Nicht-Winterschläfer" vor allem darum, über eine ausgewogene Energiebilanz die Körperkerntemperatur weitestgehend konstant zu halten.

winterlichen Engpass für die meisten heimischen Wildtierarten. Hinzu kommt, dass der Aufwand, der Energieverlust um die Nahrung zu erreichen, steigt. Höhere Schneelagen erschweren die Fortbewegung und das Freischlagen, -scharren oder -graben der Nahrung in Schnee und Eis erfordert ebenfalls einen höheren Energieoutput.

Doch haben sich im Laufe der Entwicklungsgeschichte und Evolution der Arten und Gattungen die unterschiedlichsten Strategien und Anpassungen an den winterlichen Flaschenhals entwickelt. Allen voran steht das Prinzip der Energieersparnis. Zunächst wird die Bewegungsaktivität insgesamt reduziert, die Bewegungen werden langsamer und das Wild versucht, sich durch geeignete Deckung vor den winterlichen Wetterbedingungen zu schützen. Dichte Bodendeckung bietet Schutz vor eisigem Wind, Schirmfichten vor Schnee und Eisregen, Schnee- und Erdhöhlen oder -baue vor beidem. Andererseits gilt es, wann immer möglich, Sonne zu tanken. Die Wärmestrahlung der Sonne ermöglicht es, die körpereigenen „Heizungen", die Energiereserven etwas zu schonen.

Sämtliche Schalenwildarten, allen voran das Rehwild, halten bei tieferem Schnee ausgetretene Wechsel ein. Auch das spart Energie. Ihre Aktivitätsphasen gehen in ihrer Zahl und Länge zurück. Selbst die größeren Schalenwildarten wie das Rotwild sitzen oft bis in den Vormittag hinein im „lauschigen" Bett in der Fichtendickung oder anderweitig geeigneter Deckung. Die erforderliche Zeit für das Wiederkäuen steigt durch die qualitativ schlechtere Nahrung und erreicht in den Monaten von November bis März ihr Maximum.

Doch gehen Wildtiere nicht unvorbereitet in den Winter. Mit dem Energiespar-Verhalten gehen Änderungen im Stoffwechsel einher. Den heimischen Wildwiederkäuern gemeinsam ist eine äsungsbedingte Reduktion des Stoffwechsels in den Spätherbst- und Wintermonaten – sie leben im übertragenen Sinne auf Sparflamme. Gut erforscht ist diese physiologische Anpassung beim Reh. Besonders interessant in diesem Zusammenhang ist die Tatsache, dass diese Umstellung offenbar auf einem körpereigenen, inneren Rhythmus, unabhängig vom tatsächlich vorhandenen Nahrungsangebot, beruht. Rehe senken ihren Stoffwechsel und ihre Nahrungsaufnahme etwa in der Zeit von November bis März deutlich ab. Dies wiesen Versuche in Gattern mit „Futter satt“ (ad libitum) nach. Ein Überangebot an Futter wird demzufolge also auch in freier Wildbahn nur eingeschränkt genutzt. Infolge des geminderten Stoffwechsels wird das Pansenvolumen verkleinert, und der Umfang und die Zahl der Pansenzotten werden reduziert. Äsung, die über ein bestimmtes normal winterliches Maß hinausgeht, könnte also nur bedingt in verfügbare Energie umgesetzt werden. „Viel hilft viel“ ist demzufolge auch als Motto der Winterfütterung verfehlt. Arnold (2002) geht weiterhin davon aus, dass eine zu energiereiche und vor allem zu eiweißreiche Fütterung das Wild aus Sicht des Stoffwechsels in den „Sommerzustand“ versetzen kann, mit der unerwünschten Folge eines unnötig hohen Energiebedarfs, der, wenn er an der Fütterung nicht ausreichend gedeckt werden kann, unweigerlich zu hoher Verbiss- und Schälaktivität führen muss.

Unbedingt in diesen Kontext gehört die herbstliche Fetteinlagerung beziehungsweise Fettbildung. Fast sämtliche Haarwildarten sind bemüht – egal ob sie einen Winterschlaf oder eine Winterruhe halten oder nicht – mit möglichst großen Fettreserven in den Winter zu gehen, auf die als Energiespeicher bei Bedarf, vor allem im Spätwinter zurückgegriffen werden kann. Beim Schalenwild wird diese Periode als Herbstmast oder Herbstfeiste bezeichnet.

Der erste natürliche und offensichtliche Kälteschutz entsteht aber durch den herbstlichen Haarwechsel. Das Haarkleid dient über den direkten Schutz hinaus dazu, eine quasi ruhende Luftschicht

Abb. 2 *Beim Schwarzwild können ein verfrühter Frischtermin oder spätwinterliche Kälte- und Schneeperioden die Zuwachsrate in mehr oder minder hohem Maße beeinflussen.*

Abb. 3 *Im Gegensatz zu allen anderen heimischen Schalenwildarten wechseln die Sauen – mit Ausnahme der Frischlinge – nur einmal im Jahr ihr Haarkleid.*

unmittelbar über der Haut zu erzeugen – eine äußerst wirksame Thermoisolation. Das Winterhaar ist nicht nur deutlich länger – einen guten Vergleich bieten der Sommer- und Winterbalg des Fuchses – sondern auch wesentlich dicker als das Sommerhaar und beinhaltet in sich deutlich mehr Lufteinschlüsse. Beim Reh zum Beispiel beträgt der maximale Durchmesser des Sommerhaars 0,1 Millimeter, der des Winterhaars 0,3 Millimeter (Stubbe 1997).

Bei Arten mit nur einem Haarwechsel pro Jahr, zum Beispiel beim Schwarzwild, geht das Sommerhaar über einen längeren Zeitraum allmählich in das längere Winterhaar über. Allen gemeinsam ist die gute Isolationswirkung des Wollhaares am Grunde der Deck- und Grannenhaare, das man etwa mit einer Faserpelz-Unterwäsche für Jäger vergleichen kann. Nur bietet die Unterwolle des Wildes im Zweifel den besseren Kälteschutz. Übrigens haben auch Arten, bei denen man es kaum registriert, einen zweimaligen Haarwechsel, zum Beispiel der Feldhase, der dann allenfalls etwas zersaust erscheint.

Der Wärmetauscher

Eine wichtige Kälteanpassung ist vielen Wildtierarten gemeinsam – ein quasi körpereigener Wärmetauscher. Die Gewebepartien in den unteren Bereichen der Extremitäten benötigen keine starke Durchblutung, da gut ausgebildete Muskelpartien dort nicht mehr nötig und überlebenswichtige Organe nicht vorhanden sind. Dies ist der Grund, warum tiefe Laufschüsse beim Schalenwild kaum schweißen. Einem zu starken Wärmeverlust im Körperkern wird dadurch entgegengewirkt, dass in den Extremitäten die Venen und Arterien in direkter Nachbarschaft verlaufen. Das zurückströmende, abgekühlte venöse Blut wird durch das entgegenströmende, warme arterielle Blut wieder angewärmt, bevor es den Körperkern erreicht – ein geniales Prinzip der Natur, das auch bei unseren Jagdhunden seine Wirkung nicht verfehlt und im winterlichen Einsatz zwar kalte Pfoten bewirken kann, die nötige Kerntemperatur aber weitestgehend konstant hält.

Bei verschiedenen Wildtieren – vor allem beim Wasserwild – kann dieses Gegenstromprinzip zu einem steilen Temperaturabfall in den Extremitäten führen. Irving (1964) stellte bei der Polarmöwe bei einer Außentemperatur von minus 16 °C ein Temperaturgefälle zwischen dem Körperkern und den Zehen von 41 °C (Körperkern) bis annähernd 0 °C (Schwimmhäute) fest.

Abb. 4 *Die Lebensräume des Gams- und Steinwildes sind nach wie vor „schneesicher". Für beide Arten bildet der winterliche Flaschenhals ein bedeutendes Regulativ.*

Deutlich sichtbar wird dies aber beim Schneehasen. Sein weißer Winterbalg schützt ihn bei geschlossener Schneedecke vor potenziellen Beutegreifern – in Ruhestellung wird er fast unsichtbar. Als weitere Anpassung im Sinne eines Schneeschuhes sind die Hinterpfoten des Schneehasen sehr groß, weit spreizbar und mit langen, festen Haaren besetzt. Das Hermelin, die zweite heimische Haarwildart mit weißem Winterbalg (abgesehen von der schwarzen Luntenspitze) schlägt durch seinen Herbsthaarwechsel zwei Fliegen mit einer Klappe. Für seine Feinde – größeres Haarraubwild, Greifvögel und Eulen – aber auch für seine Beutetiere ist es schwieriger auszumachen. Bei höheren Schneelagen jagt und lebt das Große Wiesel aber weitgehend unter dem Schnee. Beiden Arten kann diese Anpassung bei ausbleibendem Schnee allerdings zum Verhängnis werden – die Kehrseite der Medaille. In Skandinavien, Nordosteuropa, Nordasien und im Hochgebirge kann auch das Mauswiesel einen weißen Winterbalg tragen.

Auf besonders harte Proben werden viele Hochgebirgsarten gestellt. Für das Gams- und Steinwild zum Beispiel ist der Winter noch immer das entscheidende Regulativ. Beide Arten suchen deshalb sonnen- und windexponierte, steile und demzufolge weitgehend schneefreie oder rasch ausapernde Berghänge auf. Hochplateaus dagegen werden gemieden. Die dauerhaft hohen Schneelagen dort machen die Fortbewegung selbst für relativ große Wildarten unmöglich. Die nächste Äsung befindet sich nicht selten über einen Meter oder noch tiefer und unerreichbar unter dem Schnee.

Abb. 5 *Durch die bestmögliche Annäherung an die Kugelform versucht der Fuchs die wärmeabstrahlende Körperoberfläche zu verkleinern.*

Abb. 6
Das Murmeltier gilt als Paradebeispiel eines Winterschläfers – schlafen wie ein Murmeltier … Sind die Mankeis aber erst wach, geht es schon nach kurzer Zeit um die Fortpflanzung. Die verbleibende Zeit für die Trächtigkeit und Jungenaufzucht ist im Hochgebirge klimabedingt sehr kurz.

Winterschlaf und -ruhe

Gänzlich andere Strategien verfolgen die Winterschläfer sowie jene Arten, die eine Winterruhe halten. Bei den Winterschläfern, zum Beispiel dem Murmeltier, den Bilchen oder dem Igel, sinkt die Körpertemperatur auf nur noch etwa 2,5 °C ab. Sämtliche Körperfunktionen, einschließlich des Herzschlags und der Atmung sind extrem reduziert. Das Herz eines winterschlafenden Igels schlägt nur noch etwa drei Mal pro Minute und im tiefen Winterschlaf befindliche Igel machen über zweieinhalb Stunden keinen Atemzug. Die Tiere zehren von ihrem Körperfett. Der Winterschlaf tritt ab einer artspezifisch unterschiedlichen Temperatur ein. Wird ein bestimmter Minimalwert erreicht, setzen thermoregulierende Mechanismen ein, die den Organismus auf dieser Minimaltemperatur halten oder dazu führen, dass die Körpertemperatur steigt und das Tier erwacht.

Die Schlaftiefe und die Dauer der einzelnen Schlafperioden sind unterschiedlich. Der Feldhamster kann seinen Schlaf fast im Wochentakt unterbrechen, um Nahrung aufzunehmen oder Kot und Urin abzugeben. Die Winterruhe des Dachses, Marderhundes oder Eichhörnchens, wird häufiger unterbrochen und ist dadurch gekennzeichnet, dass die Körpertemperatur, anders als bei den echten Winterschläfern, nicht unter den Normalwert absinkt. In warmen Wintern entfällt sie ganz. Wer in diesen „Kälteperioden" aufmerksam im Revier unterwegs ist, wird im gesamten Winterhalbjahr auf Dachsspuren treffen.

Abb. 7 *Ein „wandelnder Winterschläfer" – neue Forschungsergebnisse aus Österreich zeigen, dass das Rotwild im Spätwinter stundenweise in eine Art Kältestarre fallen kann.*

Beim Ruhen im kalten Schnee oder bei Frost und anderweitiger Kälte versuchen sämtliche Haarwildarten ihre wärmeabstrahlende Körperoberfläche durch unter den Körper gezogene Läufe und eine „eingerollte" Körperhaltung zu verkleinern. Im Schnee eingerollte, ruhende Füchse – wie sie bei der winterlichen Kontrolle der Baue mitunter zu beobachten sind – präsentieren dieses Energiesparverhalten par excellence. Um wärmere Luft einzuatmen, steckt der Fuchs in dieser Haltung die Nase in den Balg oder bedeckt sie mit der dicht behaarten Lunte.

Neueste Erkenntnisse des Forschungsinstitutes für Wildtierkunde und Ökologie in Wien zeigen, dass das Rotwild vor allem im Spätwinter in Winterschläfermanier stundenweise seine Stoffwechselrate weit unter den bisher als konstant angenommenen Wert absenken kann und auf diesem Weg quasi als „wandelnder Winterschläfer" zu weiteren wesentlichen Energiesparmaßnahmen fähig ist. Bei Untersuchungen über die Stoffwechselrate und Körpertemperatur wurde dieses Phänomen mit modernster Technologie speziell gegen Ende des Winters wiederholt über mehrere Nachtstunden beobachtet. In dieser Jahreszeit sind die Feistreserven nahezu völlig aufgebraucht. Dass der Stoffwechsel nur stundenweise gedrosselt wird, führen die Forscher darauf zurück, dass die Tiere bei zu starker Absenkung der Körpertemperatur zu sehr an Bewegungsfähigkeit einbüßen würden und so vor ihren Feinden nicht mehr flüchten könnten (Arnold 2002). Dies ist der Grund, warum echte Winterschläfer stets im Schutz von möglichst sicheren Verstecken den Winter überdauern. In der erwähnten Studie wurde ebenfalls festgestellt, dass der Gesamtenergieverbrauch des Rotwildes im Spätwinter auf etwa 40 Prozent des Jahreshöchstwertes zurückging.

Das Rotwild der Hoch- und Mittelgebirge wechselte über Jahrhunderte in die angestammten Wintereinstände, die äsungsreicheren Tallagen und weichholzreichen Auwälder. Fast ausnahmslos

Abb. 8
Geringe Schneehöhen bringen auch das Niederwild nicht in Bedrängnis. Im Gegenteil – die Äsung bleibt erreichbar und viele Arten nutzen die Schneedecke als Wind- und Frostschutz.

haben wir ihm diese Ausweichmöglichkeiten genommen. Dazu kommt, dass Weichhölzer wie Weiden und Pappeln aus forstwirtschaftlichen Gründen eliminiert oder zurückgedrängt wurden. Dies allein mag an dieser Stelle genügen, um an der Notwendigkeit einer sachgemäßen Winterfütterung des Rotwildes – dort wo notwendig – nicht nur aus waldbaulicher Perspektive (!) keinen Zweifel aufkommen zu lassen. Doch auch im Flachland kann ein harter Winter tiefgreifende Folgen auf Wildtierpopulationen haben. So haben sich die Niederwildbesätze vielerorts von den Extremwintern Ende der 70er Jahre bis heute nicht mehr erholt. Dies allerdings auch vor dem Hintergrund einschneidender Lebensraumveränderungen und bis heute steigender Raubwildbesätze.

Die beste Winterstrategie – mit Ausnahme des Winterschlafes – wird durch permanente Störungen untauglich. Durch unnatürlich hohe Bewegungsaktivität wird der Energieverbrauch immens gesteigert, die Bilanz gerät in den roten Bereich. Auf jede Wildart sollten wir daher – unabhängig von gesetzlichen Jagd- und Schonzeiten – eine witterungsabhängige und selbst verordnete Jagdruhe berücksichtigen. Dies gilt insbesondere bei extremer Kälte sowie bei hohen oder verharrschten Schneelagen und Vereisung. Bis dahin aber gilt es, mit Freude und Effizienz zu jagen.

Federwild – reisend oder bodenständig

Gruh, ruh, gruh – weit trägt der vertraute Ruf der Kraniche. Die gesamte Wehr aus Treibern und Jägern verhofft plötzlich einige Minuten – nicht vorgesehen und mitten im herbstlichen Treiben. Nur die Hunde arbeiten unbeirrt weiter. Unser Blick aber geht suchend nach oben. Da sind sie, vier große Flüge in Keilformation, insgesamt wohl um die 400 Vögel. Welcher Jäger kennt sie nicht, die Faszination des Vogelzuges?

Ergriffenheit, Wehmut, Sentimentalität, vielleicht Hoffnung? Welche Emotionen auch immer uns in diesen Momenten bewegen mögen – für die Vögel

***Abb. 9** Vogelzug pur – alljährlich faszinieren uns die Zuggesellschaften der Kraniche. Ihre Reise in die Brutgebiete oder Winterquartiere gehört sicher zu den beeindruckendsten Naturschauspielen in der heimischen Wildbahn.*

dort am Himmel geht's ums Überleben. Sie treibt weder ein romantisches Fernweh, noch fliegen sie in den Urlaub. Sie weichen ungünstigen oder ungeeigneten Umweltverhältnissen aus. Nicht tolerierbare Kälte, Nahrungsverknappung, Unzugänglichkeit der Nahrung und weitere Faktoren können Gründe dafür sein, dass Zugvögel ihre Brutquartiere zum Herbst und Winter hin verlassen. Mitteleuropäische Zugvögel überwintern hauptsächlich im Mittelmeerraum und in Afrika – bis in die südlichsten Teile des schwarzen Kontinents hinein.

Standvögel bleiben ihrem erweiterten Brutbereich ganzjährig treu, Strichvögel „streichen" oder „verstreichen" außerhalb der Brutzeit mehr oder minder weit und nur die echten Zugvögel „ziehen" alljährlich zwischen mehreren hundert und vielen tausend Kilometern in Richtung Süden oder Südwesten. Die Übergänge dieser klassischen Dreiteilung sind naturgemäß fließend und es ist kaum möglich, den Unterschied an einer bestimmten Wanderentfernung festzumachen. Dies umso mehr, als dass wir über das Wanderverhalten einiger Vogelarten, zum Beispiel durch den Mangel an zurückgemeldeten, beringten oder anderweitig markierten Tieren zahlreicher Species, noch viel zu wenig wissen.

Abb. 10
Die Scheeschmelze kam in diesem Fall zu früh. Damit ihr winterliches Tarnkleid nicht zum folgenschweren Nachteil wird, nutzen die Schneehühner die restlichen Schneeflecken.

Biogeografische Regeln

Eine weitere Kälteadaption verbirgt sich hinter der Körpergröße. Die „Bergmannsche Regel“ besagt, dass warmblütige Tiere einer Art oder nahe Verwandte in kalten Regionen größer sind als in wärmeren Klimaten. Sie haben in Relation zum Körpervolumen eine relativ kleinere Körperoberfläche und damit eine geringere Wärmeabgabe. Ein einfaches Rechenexempel mag dies verdeutlichen. Ein Würfel mit fünf Zentimetern Seitenlänge hat ein Volumen ($V=a^3$) von 125 Kubikzentimetern und eine Oberfläche von 150 Quadratzentimetern. Ein Würfel mit dem doppelten Volumen von 250 Kubikzentimetern hat mit 238 Quadratzentimetern aber längst nicht die doppelte Oberfläche. Bei Rundkörpern verbessert sich dieses Verhältnis bekanntlich weiter zugunsten des Körpervolumens. Dies ist auch ein Grund dafür, dass sich schlafende Tiere bei Kälte einrollen, um der Form einer Kugel möglichst nahe zu kommen.

Als Beispiele für die Bergmannsche Regel seien die Größenunterschiede beim Rotwild zwischen dem riesigen Wapiti Nordamerikas und dem Europäischen Rothirsch, sowie zwischen den skandinavischen Elchen und jenen in Alaska genannt. Eine andere tiergeografische Gesetzmäßigkeit – die „Allansche Regel“ – besagt, dass in kalten Klimaregionen die Körperanhänge (z. B. Ohren, Schwänze, Läufe) verkürzt werden und die Haarlänge und -dichte zunehmen. Ein gutes Beispiel bieten uns die kurzen Gehöre der Füchse im hohen Norden Amerikas oder des Eisfuchses im Vergleich zu jenen des Rotfuchses in Mitteleuropa. Ergänzend sei erwähnt, dass die auch im Winterbalg relativ kurz behaarten Gehöre und Unterschenkel Reinekes durch ihre schwarze Färbung eine bessere Wärmeabsorption der Sonnenstrahlung gewährleisten.

Abb. 11
Bei den Rauhfußhühnern kommt es durch die winterlichen Hornstifte an den Zehen zu einer Art Schneeschuheffekt. Auch diesem Birkhahn erleichtern sie die Fortbewegung im hohen Schnee.

Zweifelsohne können sich zahlreiche Federwildarten durch ihre unvergleichliche Mobilität den Unbilden des Winters viel leichter entziehen als das Haarwild. Dennoch ist auch für viele Federwild- und andere Vogelarten der Winter im wahrsten Sinne des Wortes ein hartes Brot. Auch ist ein Zugvogel nicht überall Zugvogel. Die Härte des Winters kann einen hiesigen Stand- oder Strichvogel in einer anderen, nördlichen oder nordöstlichen Region durchaus zum Zugvogel werden lassen. Viele Entenarten – auch die Stockente – sind hierfür gute Beispiele.

Wie auch der Mensch aus Zugvögeln Standvögel machen kann, zeigen unter anderem einige Grauganspopulationen, die auf mit Warmwasserzufuhr und/oder ganzjähriger Fütterung ausgestatteten eisfreien Gewässern und ihrem weiteren Umfeld im Brutgebiet überwintern.

Auch innerhalb der einzelnen Arten gibt es Unterschiede. So versucht zum Beispiel alljährlich eine bestimmte Zahl von Waldschnepfen als so genannte Lagerschnepfen auch in ungünstigen Klimazonen zu überwintern. Im Rahmen winterlicher Treibjagden kommen daher immer wieder auch Waldschnepfen vor. Im eigenen Revier in der Nordheide konnte ich auch im zurückliegenden Winter 2002/2003 zu Anfang Januar am frühen Nachmittag eine Schnepfe bei etwa zehn Zentimeter hohem Schnee auf hart gefrorenem Boden beobachten, wie sie einen rund 30 Zentimeter großen Kreis vom Schnee befreite und in der darunter liegenden hart gefrorenen Streuschicht offensichtlich vergeblich nach Nahrung suchte.

Waldschnepfen zählen wie einige Entenarten zu den „Wettervögeln". Der Beginn und der weitere Verlauf ihres Zuges stehen offenbar in enger Abhängigkeit vom jeweiligen Klima im Sommer-, Rast- oder Überwinterungsgebiet. Einerseits wird der Beginn der „Hin-" und „Rückreise" dadurch beeinflusst, andererseits kann es witterungsabhängig in beiden Richtungen zu Zugstaus und längeren Aufenthalten in den Rastgebieten kommen.

Doch wie meistern typische Standvögel den Winter? Interessante Anpassungen an Schnee und Kälte zeigen besonders die Rauhfußhühner. Bei Temperaturen unter dem Gefrierpunkt, ab etwa vier Grad minus, graben Birk- und Schneehühner für die Übernachtung und für die Tagesruhe eine Höhle im Schnee. Messungen zeigten, dass die Temperaturen in diesen Höhlen mehr als 25 Grad über der Außentemperatur liegen können. In harten Wintern, wie sie etwa im Alpenraum die Regel sind, sind diese Ruhephasen in den Schneegängen für die Energiebilanz entscheidend. Wichtig ist, dass zu dieser Zeit keine Störungen durch Skifahrer oder andere Wintersportler abseits der ausgewiesenen Pisten oder Loipen erfolgen. Gleiches gilt selbstverständlich bei dauerhaft hohen Schneelagen in Mittelgebirgen.

Sämtliche Rauhfußhuhnarten zeigen auch morphologische Anpassungen. Abgesehen von ihren bis zu den Zehen im Winter dichter als im Sommer befiederten Ständern, tragen sie vom Ansatz bis zur Kralle beidseitig an jeder Zehe eine Reihe Hornstifte oder -plättchen, die sich erst zur Frühjahrs- beziehungsweise Sommermauser wieder verlieren. Diese „Schneeschuhe“ senken den Energieverlust bei der Fortbewegung auf geschlossenen Schneedecken erheblich. Als weitere Besonderheit sind die Nasenlöcher sämtlicher Rauhfußhuhnarten im Winter dicht befiedert. Das Alpenschneehuhn zeigt in seinem weißen Wintergefieder darüber hinaus die gleichen Farbanpassungen wie sie beim Hermelin, gebietsweise beim Mauswiesel und beim Schneehasen zu beobachten sind. Weiß auf

Abb. 12 *Rebhühner nutzen im Winter jede sich bietende Gelegenheit als Windschutz – in diesem Fall unterstützt durch eine entsprechend hohe Schneedecke.*

weißem Untergrund ist der ideale Sichtschutz vor Feinden.

Die Feldhühner Rebhuhn und Fasan sind auf Grund ihrer Lebensräume im Tiefland in aller Regel weit milderen Winterklimaten ausgesetzt als die Rauhfußhühner. Dennoch können extreme Kälte und Schneelagen ihre Besätze in erheblichem Maße dezimieren. Die beiden Katastrophenwinter zum Ende der 70er Jahre zeigten dies nachdrücklich. Bis heute haben sich vor allem die Rebhuhnbesätze von diesem Rückschlag nicht wieder erholt. Lebensraumveränderungen und hohe Raubwilddichten haben allerdings – wie bereits erwähnt – regional unterschiedlich in mehr oder minder großem Umfang dazu beigetragen. Die Wachtel entzieht sich als Zugvogel ohnehin den winterlichen Unbilden. Rebhühner haben auch im Winter relativ wenig Unterhautfettgewebe und ein vergleichsweise schlecht isolierendes Gefieder. Niedrige Temperaturen nehmen aber offenbar geringeren Einfluss als hohe Schneedecken. Lediglich Barfrost, verbunden mit extrem niedrigen Tempe-

Vorratshaltung

Wie einige Säugetiere – zum Beispiel der Iltis, der Feldhamster und das Eichhörnchen, legen auch Vögel speziell für den Winter Nahrungsvorräte an. Der Iltis tut dies bekanntermaßen unter anderem mit Amphibien. Dem „Stänker“ wird nachgesagt, Frösche und andere Lurche durch einen Biss gezielt zu lähmen und in seine Nahrungsdepots einzutragen. Tatsächlich wurden in solchen Lagern bis zu 120 Frösche, ergänzt durch Jungkaninchen, gefunden. Die Frösche und Kröten aber werden normalerweise durch Bisse getötet. Dabei kann es vorkommen, dass die Beutetiere nicht sofort tot sind und später auf Grund ihrer von den Säugetieren abweichenden Physiologie wieder „Lebenszeichen“ von sich geben. Da der Iltis Frösche aber auch zur Zeit ihrer Winterruhe ausgräbt, sind die Amphibien in der Winterstarre ohnehin bewegungsunfähig, und er trägt sie nur in ein Vorratslager ein, ohne sie zu töten. Da auch Iltisse nicht alle Depots wiederfinden, wachen diese Tiere im Frühjahr in den „Speisekammern“ dann wieder auf (Harnisch 1998). Wie alle wechselwarmen Organismen wirken auch Amphibien ab einer bestimmten Kälte, beziehungsweise niedrigen Außentemperatur wie gelähmt, und im übetragenen Sinne sind sie es auch. Wie die Temperatur überhaupt in der Ökologie eine wichtige Rolle spielt, so unterliegen auch wechselwarme Tiere dem Vant'Hoff'schen Gesetz: Eine Temperaturerhöhung um 10 °C beschleunigt eine chemische Reaktion um den Faktor zwei bis vier.

Da der Iltis selbst zur Beute größerer Haarraubwildarten und Greifvögel werden kann, versucht er, seine Beute möglichst in schützender Deckung zu fressen. Dies wiederum führt dazu, dass er offenbar nicht nur für den Winter Vorräte anlegt. Ein von mir Mitte der 80er Jahre in einer Voliere der TU Braunschweig gehaltener Wildfang zog im August drei zuvor erlegte Ringeltauben in den vorbereiteten Kunstbau. In dieser Zeit war die Jagdzeit auf Tauben noch bedeutend länger.

Das bekannteste Beispiel für winterliche Vorratshaltung aus der Vogelwelt ist zweifelsohne der Eichelhäher. Markwart deponiert Baumfrüchte, vor allem Eicheln, in bestimmten, abgedeckten Verstecken am Waldboden. Dadurch, dass er viele dieser Depots nicht wieder findet, trägt er zur Verbreitung diverser Laubbaumarten bei (Hähersaat). Eulen wie der Sperlings- und Rauhfußkauz horten geschlagene Kleinvögel und -säuger für „schlechte Zeiten“ in separaten Höhlen. Vom Sperlingskauz aber ist bekannt, dass er dies auch zur Brutzeit tut.

Abb. 13
Die stellenweise Vereisung ihrer Nahrungsgewässer beeinträchtigt die Stockenten nicht. Schließt sich die Eisdecke auf Still- und Fließgewässern, weichen die Breitschnäbel in mildere Regionen im Süden und Südwesten aus.

raturen und starkem Wind, ist bei schlechter Verfassung (Äsungsmangel) nicht gut zu verkraften. Im Rahmen des Rebhuhnforschungsprojektes der Landesjägerschaft Niedersachsen (Roese 1990) wurden in einem der Versuchsreviere nach nur einer solchen Nacht drei erforene Rebhühner gefunden.

Schneehöhen ab etwa 30 Zentimeter verhindern, dass sich Rebhühner bis zur Äsung beziehungsweise bis zum Boden durchgraben. Dies ist auch bei deutlich niedrigeren aber verharschten Schneelagen der Fall. Überhaupt können dauerhaft verharschte, eisbedeckte Schneedecken für zahlreiche Wildarten – vom Schwarzwild bis zum Rebhuhn – schwerwiegende Folgen haben. Wie beim Birkwild und den Schneehühnern ermöglichen es selbst gegrabene Schneehöhlen dem Rebhuhn, seine Ruhephasen windgeschützt und bei höheren, eventuell sogar über dem Nullpunkt liegenden Temperaturen zu verbringen. Rebhühner nutzen diese Schneebunker teilweise auch in kleinen Gruppen – auch zum Übernachten.

Wie das Rebhuhn benötigt der Fasan, abgesehen von ausreichenden Äsungsmöglichkeiten, im Winter vor allem dichte Deckung zum Schutz vor Niederschlägen, Wind und Beutegreifern. Fehlen diese Strukturen, kommt es häufig zu einem zeitlich begrenzten Wechsel in günstigere Habitate. So kann es revierweise zu beachtlich hohen winterlichen Fasanenkonzentrationen kommen, weil sich die Besätze mehrerer benachbarter Reviere an einigen wenigen Standorten zusammenfinden. Diese aus der Not geborenen Wintergesellschaften dürfen nicht mit einer besonders hohen Zuwachsrate der vorangegangenen Brutperiode gleichgesetzt werden. Rückschlüsse auf den Bruterfolg lassen sich – sofern nicht zusätzlich Fasanen ausgewildert wurden und die Intensität der Bejagung über Jahre hinweg vergleichbar ist – anhand der herbstlichen Jagdstrecken bedingt herleiten. Schneehöhlen wie Birk-, Schnee- und Rebhuhn gräbt der Fasan nicht.

Den heimischen Entenarten können nur dauerhafte Vereisungen der Schlaf- und Äsungsgewässer hart zusetzen. Schon die dünnste, aber geschlossene Eisdecke trennt sie von ihren primären Lebensgrundlagen. Um nicht zu verhungern, müssen sie in mildere Regionen mit eisfreien Gewässern ziehen oder streichen. Gänse dagegen – etwa Grau-, Saat- oder Blessgänse – nehmen zwar ihre Äsung ganz überwiegend an Land auf, können aber durch die Vereisung ihrer Ruhegewässer ebenfalls betroffen sein.

Sämtliche Entenarten sind Zugvögel, zumindest Strichvögel, und nur relativ wenige Individuen, vornehmlich Stockenten, bleiben auch in wirklich harten mitteleuropäischen Wintern im Brutgebiet. Einige Arten sind so genannte Teilzieher. Sie verlassen nur ihre nördlich oder nordöstlichen Brutgebiete regelmäßig, während sie in gemäßigteren Breiten – sofern möglich – auch den Winter verbringen. Hierzu zählen neben der Stockente auch die Reiher- und Tafelente.

Und während der Zug einiger Entenarten offensichtlich erst bei Nahrungsmangel, Schnee und Kälte einsetzt, folgen andere Arten in klassischer Manier ihrer inneren Uhr und der alljährlich im Frühjahr und Herbst einsetzenden Zugunruhe. Die Knäkente zum Beispiel verlässt ihre europäischen Brutgebiete schon im August und September. Ihre Winterquartiere liegen in Nord- und Zentral- beziehungsweise Westafrika (Rutschke 1989).

Andererseits können wir jedes Jahr – abgesehen von den Stockenten – beachtliche Zuwanderungen weiterer nordischer Enten, beispielsweise von Pfeifenten beobachten, die zu Tausenden bevorzugt in den Küstenbereichen Norddeutschlands, vor allem Schleswig-Holsteins und Niedersachsens überwintern. Die kleinen Trupps der Krickenten sind im Winter in ganz Deutschland anzutreffen, und auch wenn die Besätze der Reiher- und Tafelente in Deutschland augenscheinlich noch immer steigen, rekrutieren sich die großen Winteransammlungen beider Arten nach wie vor weitgehend aus Zu- beziehungsweise Durchzüglern.

Abb. 14 *Zehntausende Zu- und Durchzügler aus dem Norden und Nordosten Europas zeigen uns alljährlich, dass Ringeltauben vergleichsweise schlecht an tiefe Temperaturen, verbunden mit hohen Schneelagen, angepasst sind.*

Durch ihre hohe Mobilität können sämtliche Entenarten bei Bedarf weiträumig und schnell in mildere Regionen ausweichen. Ringfunde zeigen, dass Enten an einem Tag 400 bis 500 Kilometer und mehr zurücklegen können. Zusätzlich zu dieser Mobilität gehören die Enten durch ihre harten Deckfedern und das sehr dichte und optimal isolierende Kleingefieder (Daunen) sowie ihre oft beachtlichen Fettpolster zu den winterhärtesten Federwildarten überhaupt. Um den wärme- beziehungsweise kälteisolierenden Luftmantel im Gefieder zu erhalten, fetten Enten und andere Wasservögel ihr Deckgefieder viel intensiver mit dem Sekret der Bürzeldrüse ein als andere Vogelarten. Ein völlig durchnässtes Gefieder bietet keine Isolation. Erschwerend kommt hinzu, dass Wasser ein etwa 25fach größeres Wärmeleitvermögen hat als Luft. Die hervorragenden Isolationseigenschaften der Daunen von Enten und Gänsen machen sie für den Menschen zu nützlichen Polstermaterialien für Bettzeug und Winterkleidung.

Die Federn bestehen wie das Haarkleid der Säugetiere aus Keratin. Keratine sind Gerüstproteine, aus denen auch die Hörner der Boviden, Hufe und Krallen oder Finger- und Fußnägel gebildet werden.

Während ein Teil der ebenfalls wassergebundenen Graureiher in den Südwesten Europas bis ins Mittelmeergebiet ausweicht, überwintern auch zahlreiche Artgenossen im hiesigen Brutgebiet. Auch wenn die Reiher bei großflächig vereisten Wasserflächen auf Mäusenahrung und landwirtschaftliche Flächen ausweichen können, entfällt dieser Notanker bei hohen Schneelagen. Die Winterverluste können dann sehr hoch sein, doch gleichen die Graureiher derartige Verluste meist innerhalb weniger Jahre wieder aus.

Ebenso große Probleme kann der Winter den Wildtauben bereiten. Mit Ausnahme der Turteltaube, einem empfindlichen Zugvogel, versuchen Ringel-, Hohl- und Türkentauben dort zu überwintern, wo das Klima und das Nahrungsangebot dies (vermeintlich) zulassen. Nordische, ost- und nordosteuropäische aber auch eine große Zahl der mitteleuropäischen Ringeltauben sind jedoch trotzdem Zugvögel. In Südschweden wurden Pulks von bis zu 20.000 Ringeltauben auf ihrem Zug Richtung Südwesten beobachtet. Über die Zugrichtungen anderer Vorkommen ist bisher wenig bekannt. So rekrutieren sich die mitunter riesigen herbst- und winterlichen Taubenflüge zum Beispiel in Nordrhein-Westfalen und Teilen Niedersachsens entgegen einer weit verbreiteten Meinung längst nicht nur aus heimischen Vögeln, auch wenn eine bestimmte Zahl als Stand- oder Strichvögel im erweiterten Brutgebiet zu überwintern versucht. Sehr ähnlich ist das Zugverhalten der Hohltauben, die sich teilweise den Zügen der Ringeltauben anschließen.

Unter den Standvögeln und den Wintergästen bei den Tauben können großflächige extreme Wintereinbrüche zu nennenswerten Verlusten durch Äsungsmangel und Erfrieren führen. Sofern die letzten höherwachsenden Äsungsressourcen, zum Beispiel Winterrapsschläge, durch hohen Schnee nicht mehr erreichbar sind, fallen die Tauben im wahrsten Sinne des Wortes aus den Schlaf- oder Rastbäumen entkräftet zu Boden. Zunehmend häufiger werden in den letzten Jahren neben Türkentauben auch Ringeltauben an den Vogelfütterungen menschlicher Siedlungen beobachtet.

Sämtliche dargestellten Beispiele entsprechen freilich keinem starren Muster, sondern werden selbstverständlich durch die örtlich und zeitlich spezielle Ernährungssituation beeinflusst.

Der Sommer – Wassermangel und -überschuss

Es liegt auf der Hand, dass die heimische Wildtierfauna in den relativ milden, mitteleuropäischen Sommerhalbjahren weit weniger Probleme mit dem Wetter hat als im Winter. Die Tatsache, dass die Brut- und Setzzeiten sowie die anschließende Aufzucht der Jungtiere bei fast allen Wildarten in diese Zeitspanne fallen, ist dafür Beweis genug. Daran ändern auch die offenbar zunehmenden sommerlichen Hochwasser (Elbe, Oder) nichts, die zudem – wenn auch teilweise verheerende – so aber doch nur regional begrenzte Auswirkungen auf die freilebende Tierwelt nach sich ziehen können. Dabei ist zu berücksichtigen, dass sich die erwachsenen (adulten) Tiere der größeren terrestrischen Arten selbst großflächigen Hochwassern im Normalfall noch rechtzeitig entziehen können, die Wassermassen jahreszeitenabhängig aber den kompletten Nachwuchs des Niederwildes sowie aller weiteren Bodenbrüter in den betroffenen Gebieten – vom Fasan bis hin zum Feldhasen – komplett vernichten.

Doch auch wenn in unseren Breiten weder tropische, subtropische oder aride Verhältnisse herrschen, kann extreme sommerliche Hitze den natürlichen Tagesrhythmus und die Aktivitätsmuster des Wildes beeinflussen beziehungsweise bestimmen. Auch hier geht es also den Tieren wie den Menschen.

Der gängigste Hitzeschutz ist die Suche nach kühlen, gedeckten, möglichst etwas windigen, schattigen Plätzen oder ein kühlendes Bad. Dieses Verhalten ist uns Jägern vor allem von den heimischen Schalenwildarten bekannt (s. S. 43). Egal ob Rot- oder Rehwild, Dam-, Schwarz- oder Gamswild. Bei eigenen Arbeiten am Steinwild im Nationalpark Berchtesgaden konnte ich mehrfach beobachten, dass die „Bergziegen“ gezielt in Felshöhlen oder unter Felsvorsprünge ziehen und dort die größte Hitze des Tages mehr oder minder bewegungslos aussitzen.

Abb. 15
Auch bezüglich der Brunftzeit steht das Rehwild für die Ausnahme, die die Regel bestätigt. Die Kernphase der Blattzeit fällt nicht selten in die heißesten Tage des Jahres.

Abb. 16
Auch Sauen genießen im Hochsommer ein kühlendes Bad. Interessanterweise sind die nächsten Verwandten der Wildschweine die Flusspferde …

Bei großer Hitze wird die Bewegungsaktivität generell deutlich herabgesetzt. Jeder erfahrene Jäger weiß das. Eine Ausnahme macht hier lediglich die Blattzeit des Rehwildes, deren Hochphase nicht selten in die heißesten Tage des Jahres fällt. Die Anstrengungen für die Rehböcke in dieser Zeit sind immens. Dementsprechend gering ist ihre Bewegungsaktivität nach Ende der Blattzeit.

Normalerweise decken die wiederkäuenden Schalenwildarten ihren sommerlichen Wasserbedarf über die saftige Sommeräsung und Tau. Dabei wird das in der Äsung gespeicherte Wasser fast vollständig ausgenutzt. Die immer wieder zu hörende Meinung aber, dass zum Beispiel Rehwild nicht trinken beziehungsweise schöpfen würde, ist unzutreffend. Im Gegenteil – in extrem trockenen und heißen Sommern, aber beileibe nicht nur dann, nutzt das Rehwild regelmäßig die sich bietenden Möglichkeiten, um an Gräben, Suhlen, Bächen oder Teichen seinen Wasserbedarf zu decken. Im Jahrhundertsommer 2003 konnte ich im „häuslichen“ Heiderevier mehrfach beobachten, wie Rehe gezielt einen etwa 350 Quadratmeter großen Quellwasser-Teich anwechselten, um dort zu schöpfen. Darüber hinaus bietet sich aber auch in normalen Sommern immer wieder die Gelegenheit, Rehwild bei der Wasseraufnahme zu beobachten. Unzählige Beobachtungen aus der Praxis bestätigen dies. Gleiches gilt für das Rotwild, für die omnivoren Sauen sowieso und für das Damwild. Deutlich seltener sind Muffel- und insbesondere das Gams- und Steinwild beim Schöpfen zu beobachten. Ihren usprünglichen Lebensräumen entsprechend, die mit Ausnahme des Muffelwildes auch heute noch ihre Habitate stellen, sind sie in der Lage, auch aus karger und trockener Äsung ihren Wasserbedarf zu decken. Piegert und Uloth (2000) beschreiben für das Muffelwild eine stark eingeschränkte Wasserabgabe durch Harn und Verdunstung. Briedermann (1993) schildert, dass aber auch Muffel bei großem Durst „ausgiebig und in vollen Zügen“ trinken.

In langen sommerlichen Dürreperioden kann es auf bestimmten Standorten dazu kommen, dass in einzelnen Revieren keinerlei Wasser mehr zur Verfügung steht. In derartigen Situationen verlässt das Schalenwild seine angestammten Einstände auf der Suche nach Wasser. In solchen Fällen wird das Wasser zum ökologischen Minimumfaktor, dessen Mangel durch andere Faktoren nicht kompensiert oder gemildert werden kann.

Auch die klassischen Niederwildarten decken ihren Wasserbedarf zu unterschiedlich hohen Teilen über die Äsung und Tau. Doch auch sie – zum Beispiel Feldhase, Fasan und Rebhuhn oder die Wildtauben – benötigen bei entsprechend hohen Außentemperaturen Wasser.

Fasanen und Tauben trinken auffallend viel, was man sich im Falle der Ringeltauben vor der Verkürzung der Schusszeit durch die Jagd an bekannten und von den Tauben gern angenommenen Wasserstellen im Feldrevier zu Nutze machte. Bemerkenswert dabei ist, dass Tauben ihren Schnabel als Strohhalm nutzen, und anders als Haushühner und viele andere Vögel nicht nur den Unterschnabel füllen und zum Abschlucken des Wassers dann den Hals und Kopf hoch aufrecken.

Der Wasserbedarf des Fasans ist in den so genannten vier „W's“ festgehalten, die im übertragenen Sinne einen geeigneten Fasanen-Lebensraum charakterisieren sollen: Weizen, Wiese, Wald und Wasser.

Während die drei ersten Komponenten durch ähnliche Strukturen ersetzt werden können, kann gerade beim Fasan das Wasser als klassischer Minimumfaktor betrachtet werden. Selbst wenn sich alle anderen Komponenten annähernd im Optimum befinden, wird ein wasserfreier Lebensraum kein Fasanenrevier.

Abb. 17
Entgegen einer in Jägerkreisen noch immer weit verbreiteten Meinung trinken auch Hasen. Allerdings relativ selten, was die Beobachtung schöpfender Hasen zu einer Besonderheit macht.

***Abb. 18** Suhlen dienen dem Rot-, Sika- und Schwarzwild außer zur Körperpflege auch zur Kühlung. Für die genannten Wildarten gehören Suhlen zu den unverzichtbaren Lebensraumelementen.*

Wie der Mensch genießen auch sämtliche Wildarten ein sommerliches Sonnenbad – allerdings in Grenzen. Das Sonnenbaden der Rebhühner zum Beispiel, verbunden mit den für Hühnervögel typischen Staubbädern zur Körperpflege, setzt erst bei einer Außentemperatur von etwa 15 °C ein (Bräsecke, mündl. Mitt.).

Bei sehr hohen Außentemperaturen (oder körperlicher Anstrengung) setzt als Hitzeschutz ein körpereigener „Kühler" ein – durch das Verdunsten von Wasser. Die Verdunstung von Wasser, nicht nur auf der Haut (Schwitzen), ist generell ein sehr wirksames Mittel zum Wärmeentzug. Die Schweißdrüsen der Säugetiere – sofern vorhanden – sitzen in aller Regel an den Haarwurzeln. Die Bedeutung der Schweißsekretion liegt ausschließlich auf dem Gebiet der Thermoregulation. Dieser Aufgabe ist der Schweiß besonders dadurch angepasst, dass er das verdünnteste Sekret aller Drüsen ist. Schweiß besteht in erster Linie aus Wasser und enthält weniger als ein Prozent feste Bestandteile, vornehmlich Salz. Höhere Konzentrationen würden die Verdampfung erschweren (Penzlin 1977).

Schwarzwild verfügt zwar über Schweißdrüsen, transpiriert aber nicht. Nach Stubbe (1997) besitzt Rehwild keine Schweißdrüsen. Der Autor beschreibt weiterhin: „Seit langer Zeit ist bekannt, dass Wild nicht schwitzt." Piegert und Uloth (2000) dagegen schildern zum Muffelwild: „An heißen Sommertagen können Mufflons auch schwitzen. Dann atmen sie mit leicht geöffnetem Äser und offenen Nüstern und sind an der Unterseite schweißfeucht. Auch hecheln Mufflons an heißen Tagen."

Als Hecheln bezeichnet man die Abgabe von Wasserdampf mit der Atemluft bei göffnetem Maul, Äser, Fang oder Schabel und heraushängender Zunge. Das Hecheln wird bei Arten ohne Schweißdrüsen (Vögeln) und solchen mit schwacher Schweißsekretion (Hund, Fuchs, Kaninchen usw.) beobachtet. Beim Hecheln steigt die Atemfrequenz, die Atemtiefe wird vermindert. Hunde können ihre Atemfrequenz dabei auf 400 steigern, das ventilierte Luftvolumen steigt von etwa zwei Liter pro Minute auf etwa 75 Liter pro Minute an.

Da der Feldhase kein ausgeprägtes Brutpflegeverhalten zeigt, liegen die Junghasen relativ ungeschützt in der Sasse. Sie müssen daher einen wesentlichen Teil ihrer Energiereserven für die Aufrechterhaltung ihrer Körpertemperatur beziehungsweise zur Vermeidung von Überhitzung verwenden. Das Fett in der Muttermilch (20 Prozent!) dient dabei nicht nur als Energiequelle zur Wärmeproduktion bei kalter Witterung, sondern im Hochsommer auch als „Wasserspeicher". Da beim Abbau von einem Gramm Fett im Tierkörper 1,1 Gramm Wasser entsteht, haben die Junghasen auch in Dürreperioden Wasser verfügbar, mit dem sie unter anderem durch Hecheln und Einspeicheln eine Überhitzung vermeiden können (Hackländer et al. 2002).

Weiterhin nutzt der adulte Feldhase die langen und dünn behaarten Löffel zur Thermoregulation. Bei kaltem Wetter sind die Löffel wenig durchblutet und daher nur wenig wärmer als die Luft-

Abb. 19
Schwere Niederschläge können bei Jungfasanen und -rebhühnern zu spürbaren Verlusten führen.

Abb. 20
Jungkaninchen dagegen können sich heftigen Niederschlägen leicht durch den kurzen Weg in den Bau entziehen.

Abb. 21 *„Lampe" sah auch schon glücklicher aus – Dauerregen durchnässte seinen Sommerbalg.*

temperatur – sofern diese nicht unter den Gefrierpunkt absinkt. Bei großer Hitze öffnen sich die Arterien weiter, die Löffel werden gut durchblutet und die Wärme wird so vom Körperkern abgeführt (Ruf 1998).

Von eventuell auftretenden Hochwassern abgesehen, können auch Gewitter, Starkregen und tagelanger Dauerregen insbesondere mit kühlem Wind oder Sturm bei den Jungtieren des Niederwildes hohe Verluste verursachen. Gleiches gilt für lang anhaltende Schlechtwetterperioden in der Aufzuchtphase. Bedenkt man, dass zum Beispiel junge Rebhuhnküken nach dem Schlupf nur etwa so groß wie eine Walnuss sind, kann man sich leicht vorstellen, welche Wirkung dicke, schwere Regentropfen auf den winzigen Organismus nehmen können. Und nicht immer gelingt es den Althühnern ihre Küken unter den Schwingen zu schützen und nicht immer ist geeignete Deckung in Form von groß- und breitblättrigen Pflanzen verfügbar. Wohl dem also, der wie die Jungkaninchen oder Fuchswelpen die Möglichkeit hat, im Bau zu verschwinden.

Auch das Niederwild benötigt nach solchen Niederschlägen die Möglichkeit, den nassen Balg oder das Gefieder zu trocknen, was in erhöhtem Maße auf das Jungwild (Verklammen) mit noch eingeschränkter körpereigener Thermoregulation zutrifft. In jedem Niederwildrevier sind neben ausreichenden Deckungsstrukturen also auch Freiflächen zum Trocknen notwendig. Allgemein bekannt ist das so genannte Trockenlaufen des Feldhasen nach starken Regengüssen zum Beispiel auf Feldwegen. In stark beunruhigten Revieren empfiehlt es sich daher, in Wildäckern bestimmte Bereiche von der Aussaat auszusparen oder in vorhandene Deckung Schneisen oder Kreuze zu mähen.

Solche Vorgehensweise befriedigt zusätzlich das Sicherheitsbedürfnis des Wildes und erhöht darüber hinaus den so bedeutenden Grenzlinienfaktor. Insgesamt lässt sich sagen, dass vor allem die Niederwildarten zur Aufzuchtphase im Frühsommer und Sommer eher Probleme mit Nässe als mit großer Hitze bekommen – sofern ihr spezifischer Wasserbedarf gedeckt werden kann. Und es ist allgemein bekannt, dass ein warmes, trockenes Klima den Nachzuchterfolg von Fasan, Hase & Co fördert, feuchtkalte Wetterlagen dagegen in der Regel das Gegenteil bewirken.

Als Beispiel für eine Wildkrankheit, die bei großer Hitze zu hohen Verlusten führen kann, sei an dieser Stelle der Botulismus erwähnt, der vor allem Enten, Blässrallen und Teichhühner aber auch Fasanen und Rebhühner befällt. Das Bakterium Clostridium botulinum lebt unter anaeroben Bedingungen, also unter dem Ausschluss von Sauerstoff. Sein Vermehrungs- und Wachstumsoptimum liegt im Temperaturbereich von 25 °C bis 35 °C. Die Clostridien bilden ein stark wirksames Nervengift aus. Die Bildung dieser Toxine erreicht bei 35 °C ihr Optimum. Hohe Temperaturen und Dürreperioden führen in flachen und eutrophierten Stillgewässern zu einer

Erwärmung des Wassers und zur Absenkung des Wasserspiegels. Diese Bedingungen führen zu großen Mengen verrottender Vegetation und lassen eine üppige Bakterienflora entstehen, die den Sauerstoffgehalt des Wassers aufzehrt und eine Massenvermehrung der Clostridien sowie eine umfangreiche Produktion des Giftes fördert.

Betroffen sind besonders Schwimmenten, die bei der Nahrungssuche im Bodenschlamm gründeln (Boch und Schneidawind 1988). Erkrankte und verendete Tiere wiederum werden selbst zu Infektionsquellen. Bei entsprechend hohen Außentemperaturen kommt es in den Kadavern zur Vermehrung der Clostridien und zur gesteigerten Toxinbildung. Solches Aas wird von zahlreichen Insekten – besonders Fliegen – zur Eiablage genutzt. Die sich entwickelnden Maden enthalten das Gift dann oft in sehr hohen Konzentrationen und können zur Vergiftung von Fasanen und Rebhühnern führen.

Durch Botulismus bedingte Massensterben wurden zum Beispiel 1973 und 1986 am Ismaninger Speichersee bei München registriert. Die Zahl der verendeten Vögel, überwiegend Enten, wurde auf 20.000 geschätzt. An Elbe und Alster wurden 1983 und 1986 Massenerkrankungen beobachtet. Die Tiere zeigen zunächst Fressunlust. Später treten Lähmungen der Schwingen ein, die sich auf die Ruder (Ständer) und den Hals ausdehnen. Der Tod tritt nach zwei bis zehn Tagen ein.

Auf das jahreszeitlich und klimabedingte Auftreten weiterer Wildkrankheiten wird ansatzweise in den Kapiteln 3 und 4 eingegangen. Detaillierte Informationen geben zum Beispiel Boch und Schneidawind (1988), Ippen et al. (1995), Gräfner (1986) und Geisel (1995).

Abb. 22 *Auch adulte Rebhühner brauchen nach lang anhaltenden Regengüssen die Möglichkeit zur Trocknung. Flächendeckend hohe Deckung wirkt sich auf den Niederwildbesatz daher eher negativ aus.*

Abb. 23
Alle Sinne auf „Empfang" – in der Wahrnehmung seiner Umwelt ist uns das Rotwild besonders bezüglich seiner Riechleistung weit überlegen.

Unter Wind …

Welcher Jäger kennt es nicht, das Bild plötzlich verhoffenden und aufwerfenden Wildes? Sekunden oder Sekundenbruchteile sichtlicher Verunsicherung folgen und im Troll oder mit raumgreifenden Sprüngen geht es ab in die nächste Deckung. Und oft erst dann bemerken wir, dass der Wind, der uns vor kurzem noch optimal ins Gesicht wehte, plötzlich gedreht hat. Insbesondere beim Schalen- und Raubwild ist es der Wind, der nur allzu oft über Erfolg und Misserfolg unserer Jagdausübung entscheidet. Dabei bringen es die Vertreter dieser Gruppen zu erstaunlichen Riechleistungen, die das menschliche Wahrnehmungsvermögen von Gerüchen weit übertreffen.

Doch zunächst zum Grundsätzlichen. Um Informationen aus der Umwelt wahrnehmen zu können, ist das Nervensystem von Mensch und Tier mit unterschiedlichen Sinneszellen (Rezeptoren) verschiedenster Sensibilität und Leistungsfähigkeit ausgestattet. Jenen Sinnen, die auf physikalische

Abb. 24
Neben dem Ausnutzen geeigneter Deckung gilt es daher bei Pirsch und Ansitz stets erneut den Wind zu prüfen.

Reize wie Licht (Sehsinn), Schall (Gehör) und Druck (Tastsinn) reagieren, stehen die so genannten chemischen Sinne gegenüber. Die Reize, die auf die Chemorezeptoren wirken, sind Flüssigkeiten beziehungsweise gelöste Substanzen (Geschmackssinn) oder flüchtige sowie in der Gasphase befindliche Elemente und Verbindungen verschiedenster Art oder in Gasen mitgeführte Substanzen (Geruchssinn). Während der Geschmackssinn aber als „Nahsinn" relativ hohe Reizschwellen hat, ist der Geruchssinn als „Fernsinn" weitaus empfindlicher. Die Riechzellen oder Geruchsrezeptoren beschränken sich bei den Wirbeltieren ausschließlich auf die Riechschleimhaut der Nasenhöhle. Die Weitergabe der aufgenommenen Reize erfolgt über Nervenleitungen (Axone) bis zum Riechkolben im Vorderhirn.

Die Größe der Riechschleimhaut beziehungsweise des Riechepithels und die Zahl der Geruchsrezeptoren pro Flächeneinheit entscheiden letztlich über das Riechvermögen eines jeden Wirbeltieres. Die Nagetiere, die Hasenartigen sowie die Huf- und Raubtiere – also jene zoologischen Ordnungen, denen sämtliche heimischen Haarwildarten zugeordnet werden – gehören zu den so genannten Makrosmaten. Sie verfügen über mehr oder minder starke Vergrößerungen des Riechepithels beziehungsweise über sehr viele Geruchsrezeptoren pro Flächeneinheit der Riechschleimhaut. Der Mensch dagegen zählt zu den Mikrosmaten, also zu den Tieren mit geringen Riechleistungen. Die Riechschleimhaut eines erwachsenen Menschen umfasst nur etwa fünf Quadratzentimeter, die eines größeren Hundes zwischen 70 und 85 Quadratzentimeter (Penzlin 1977). Jene eines größeren Vorstehhundes – zum Beispiel eines Deutsch-Drahthaars – ist demzufolge etwa 15mal größer als die des Menschen. Diese Vergrößerungen wurden beim Wolf, dem Stammvater aller domestizierten Hunderassen durch Faltenbildungen der Nasenmuscheln sowie eine Streckung des Gesichtsschädels erreicht. Diese morphologischen Anpassungen werden auch bei sämtlichen heimischen Schalenwildarten besonders deutlich.

Abb. 25
Der Geruchssinn funktioniert naturgemäß auch in dunkler Nacht uneingeschränkt. Nicht nur für die Sauen ein Grund mehr, ihn bei der Feindvermeidung in den Vordergrund zu stellen.

Die Riechschleimhaut eines ausgewachsenen Rehs umfasst rund 90 Quadratzentimeter. Die Gesamtzahl der Riechzellen eines Rehs liegt durchschnittlich bei etwa 33.000, im Extrem bei 62.000 pro Quadratmillimeter (Stubbe 1997) und übertrifft die des Menschen um ein Vielfaches. Labhardt (1990) wies nach, dass Fuchsrüden bei geeignetem Wind die Sexualpheromone paarungsbereiter Fähen über mindestens vier Kilometer (!) Entfernung wittern.

Die Zahl der Riechzellen oder Geruchsrezeptoren in der Schleimhaut ist selbst beim Kaninchen noch etwa fünfmal höher als beim Menschen.

Von allen diesbezüglich bisher untersuchten Wildarten besitzt das Schwarzwild die größte flächenmäßige Ausdehnung des Riechepithels sowie die größte Zahl an Geruchsrezeptoren. Schon bei Überläufern umfasst das Riechfeld etwa 170 Quadratzentimeter, bei zweieinhalbjährigen Sauen rund 290 Quadratzentimeter und beinhaltet zwischen 300 und 560 Millionen Rezeptoren (Briedermann 1990). Diese Zahlen mögen verdeutlichen, wie hoffnungslos unterlegen wir Menschen dem Riechvermögen unserer Haarwildarten sind.

Seiner hohen Leistung entsprechend ist die biologische Bedeutung des Geruchssinnes für das Haarwild sehr groß. Seine Funktionen sind vielfältig. Er dient der Nahrungssuche, zur Feindvermeidung, zum Finden des Geschlechtspartners (im Östrus), zum Erkennen von Artgenossen, Familienmitgliedern oder solchen anderer Sippen, der Kennzeichnung, Markierung beziehungsweise Erkennung von Wechseln und Territorien usw. Darüber hinaus schützt die Riechfunktion die Atemorgane vor schädigenden Einflüssen. Ihrer jeweiligen Bedeutung entsprechend, sind die Riechschwellen für bestimmte Substanzen sehr hoch oder sehr niedrig. Die geruchsmäßige Wahrnehmungsschwelle des Menschen für Fettsäuren zum Beispiel liegt etwa um den Faktor 106 höher als beim Hund.

***Abb. 26** Obwohl der Feldhase sehr gut riechen kann, setzt er vor allem bei der Erfassung potenzieller Feinde auf sein ausgezeichetes Sehvermögen.*

Für den Jäger spielt das feine Geruchsvermögen des Haarwildes besonders in zweierlei Hinsicht eine bedeutende Rolle. Primär natürlich bei der Feindvermeidung, also über die direkte olfaktorische Wahrnehmung des Menschen als Feind, weiterhin bei der Nahrungssuche, zum Beispiel beim Ansitz an der Kirrung oder am Luderplatz. Dass die jeweiligen Substanzen in der Luft je nach Windstärke schneller und weiter transportiert werden, macht letztlich die Bedeutung, aber auch den Reiz des Windes für den Jäger aus. Ein weiterer, auch jagdlich beachtenswerter Faktor ist die Luftfeuchtigkeit. Feuchte Luft leitet oder trägt Geruchsmoleküle deutlich besser als trockene. Besonders die Rüdemänner unter uns, insbesondere die Nachsuchenführer, werden bestätigen können, dass die Leistungsfähigkeit der Hundenase in starkem Maße witterungsabhängig ist.

Stellt man sich abschließend die Frage, warum sich gerade der Geruchssinn bei den angesprochenen Tierarten so fein und ausgeprägt entwickelt hat, und warum sie fast ausnahmslos Gerüche und Düfte als wichtigste Informationsquelle und Orientierungshilfe nutzen, stößt man sehr bald auf eine Vielzahl von Vorteilen. Optische und akkustische Wahrnehmungen sind nur allzu oft Momentaufnahmen, die darüber hinaus nicht immer zuverlässig sind. Ein Beispiel: Ob eine etwa 200 Meter entfernt vor der Dickung stehende, weitgehend regungslose Gestalt ein Mensch beziehungsweise „ein Feind“ oder ein potentielles Beutetier ist, oder eine krummgewachsene Kiefer, ist aus Sicht des Tieres – ohne sich selbst in Gefahr zu bringen – nicht sicher zu klären. Ebenso kann eine flüchtig wahrgenommene Bewegung oder ein plötzliches, kurzes Geräusch gleichermaßen von einem herabfallenden Ast, einem Feind oder einem Beutetier stammen. Wenn aber etwas optisch oder akkustisch Undefinierbares intensiv „nach Mensch“ riecht, dann ist es auch einer!

Weiterhin können Rotwild, Rehwild, Sauen oder der Fuchs ganz sicher nicht durch einen auch nur etwa zehn Meter breiten Dickungsstreifen hindurchäugen. Mit der Nase im Wind dagegen ergründen sie problemlos, wer oder was sich dahinter verbirgt. Auch wird der Geruchssinn durch die Dunkelheit nicht beeinträchtigt. Gerüche stehen beziehungsweise halten sich darüber hinaus auch länger – etwa in Form von Fährten, Spuren oder Geläufen. Eine Tatsache, die bei der Feindvermeidung ebenso wie beim Beutefang oder einer anderen Form der Nahrungssuche eine überragende Rolle spielt.

Beninde (1937) hat diese Sachverhalte in seiner „Naturgeschichte des Rothirsches“ praxisnah und treffend zusammengefasst: „Die Nase ist der unbestechlichste der Sinne. Auge und Ohr können irren, die Nase nie! Ist sie genügend scharf, so garantiert die Luftströmung dem Tier unbedingte und uneingeschränkte Wahrnehmung alles dessen, was hunderte von Metern entfernt über Wind geschieht. Davor gibt es kein Verbergen, das weiß jeder Jäger!“

Können Vögel riechen?

Über das Riechvermögen von Vögeln oder Federwild herrschte lange Zeit Unklarheit. Früher glaubte man gar, dass Vögel überhaupt nicht riechen können. Diese Annahme hat sich unzweifelhaft als falsch erwiesen, da sämtliche Vogelarten über ein mehr oder minder gut entwickeltes Riechepithel verfügen. Zwar wissen wir daher mittlerweile, dass Vögel über einen funktionierenden Geruchssinn verfügen, über die tatsächlichen Riechleistungen der Vögel ist aber bis heute nur wenig bekannt. Die diesbezügliche Forschung steckt – offenbar auch mangels geeigneter methodischer Ansätze – noch in den Kinderschuhen.

Riechzellen findet man nur im hinteren Teil der „Vogelnase“, wodurch gemeinhin der wenig ausgeprägte Geruchssinn bei Vögeln begründet wird. Neuere Forschungsergebnisse zeigen jedoch, dass einige Vogelarten sehr wohl zu erstaunlichen Riech-

Abb. 27
Bei der Äsungssuche und -aufnahme spielt der Geruchssin der heimischen Federwildarten sicher eine gewisse Rolle. Im Rahmen der jagdlich relevanten Feindvermeidung aber ist er bedeutungslos.

leistungen fähig sind. Der Kiwi, der kleinste Laufvogel und das Wappentier Neuseelands, verfügt über einen sehr gut ausgeprägten Geruchssinn als primäres Sinnesorgan. Er ist der einzige Vogel, dessen Nasenlöcher an der Spitze des Schnabels sitzen und nicht an der Schnabelwurzel. Kiwis suchen – dem Schwarzwild vergleichbar – ihre Nahrung riechend am und im Boden. Die extrem territorial lebenden Vögel grenzen auch ihre Reviere mit Duftmarken gegeneinander ab.

Darüber hinaus weiß man bis heute nur von einigen Vogelarten sicher, dass sie über einen gut entwickelten Geruchssinn verfügen. Hierzu gehören zum Beispiel der Truthahngeier, der Königsgeier sowie Sturmschwalben, Albatrosse und Sturmtaucher. Die kleinen Honiganzeiger Afrikas und Asiens – nomen est omen – ernähren sich von Bienenlarven und -wachs. Die Bienenstöcke spüren sie mit Hilfe ihres Geruchssinnes auf. Den genannten Beispielen gemeinsam ist die Tatsache, dass der Geruchssinn primär im Kontext der Nahrungssuche und -aufnahme eine Rolle spielt. Unter dem heimischen Federwild wird den Hühnervögeln eine vergleichsweise schlechte, den Greif- und Entenvögeln eine mittelmäßige, den Schnepfen und Tauben die beste Riechleistung beigemessen.

Bei der Feindvermeidung des Federwildes dagegen – für den Jäger von entscheidender Bedeutung – steht die optische Wahrnehmung zweifelsfrei im Vordergrund. Der Geruchssinn und damit der Wind spielt nach heutigem Erkenntnisstand dabei keine Rolle. Gleiches gilt folglich für die praktische Jagdausübung auf Federwild. Dass geruchliche Reize, zum Beispiel als Impulsgeber für die Flucht, quasi bedeutungslos sind, zeigt die Jagdpraxis. Rutschke (1989) schildert, dass Enten einen gut versteckten, sich nicht bewegenden potenziellen Feind selbst in unmittelbarer Nähe geruchlich nicht als solchen indentifizieren können.

Dennoch spielt der Wind auch bei der Such- und Treibjagd oder beim Stöbern zum Beispiel auf Fasanen eine wichtige Rolle. Um unseren Hunden die Arbeit zu erleichtern, sollten diese jagdlichen Aktivitäten (falls möglich) stets gegen den Wind erfolgen. Ebenso spielt der Wind bei der Enten- und Taubenjagd eine wichtige Rolle – doch dazu später.

Das Klima als Bestandteil der Revierbeschreibung

Neben anderen Standortfaktoren ist das Klima ein wesentlicher und vom Jäger nicht zu beeinflussender Bestandteil der Planung der Lebensraumgestaltung und weiterer Hegemaßnahmen. Die klimatischen Verhältnisse des Reviers können darüber hinaus für seine Eignung als Lebensraum der verschiedenen Wildarten von mitentscheidender Bedeutung sein. Deutschlandweit werden sie zwar nur in wenigen Fällen letztlich über das Sein oder Nichtsein einer Wildart entscheiden. Doch kann das Klima neben anderen Faktoren ein wesentlicher Grund dafür sein, warum eine Wildart zwar vorkommt, aber eben nicht richtig „in Gang kommt" und keine bejagbaren Populationsdichten erreicht.

Wer sich ergänzend zu den anderen ortspezifischen Bedingungen intensiv mit den durchschnittlichen Wetter- beziehungsweise Klimadaten im Jahreslauf beschäftigt, wird die vorhandenen Lebensraumpotenziale und -defizite erkennen und im Rahmen der gegebenen Möglichkeiten erweitern, mildern oder abstellen können. Er wird im Abgleich mit den Bodenverhältnissen erkennen, welche Pflanzen sich besonders zur Einsaat auf Wildäckern, oder zur Pflanzung in Hecken oder Feldgehölzern eignen. Oder er wird merken, dass trotz aller Hegebemühungen die Voraussetzungen für das jagdlich nutzbare Vorkommen einer bestimmten Wildart einfach nicht gegeben sind.

Petrak (2000) geht detailliert auf das Makroklima in der Revierbeschreibung ein: Das Klima wird wesentlich von der Höhenlage des Revieres über NN geprägt. Festgehalten werden zunächst also die niedrigste und höchste Geländeerhebung.

Abb. 28
Bei der Auswahl der Wildackerpflanzen gilt es, neben den standörtlichen Bodenverhältnissen, das regional typische Klima in entsprechendem Maße zu berücksichtigen.

Weiterhin sind als wichtige Charakteristika folgende Daten zu berücksichtigen (langjährige Mittelwerte):

- Jahresmittel der Lufttemperatur
- Mittlere Temperatur in der Vegetationszeit
- Jahresniederschlag
- Niederschlag in der Vegetationszeit
- Anzahl der jährlichen Sonnentage
- Anzahl der jährlichen Regentage
- Anzahl der Tage mit geschlossener Schneedecke
- Anzahl der Frosttage

Liegt in Reviernähe eine Station des amtlichen Wetterdienstes, empfiehlt es sich, bei der Datenerfassung auf diese zurückzugreifen. Weiterhin können Daten zur Klimacharakterisierung auch beim Deutschen Wetterdienst angefordert werden (s. S. 83). Die Angaben finden sich meist auch in einschlägigen Publikationen zur Region, in den Forstämtern und bei landwirtschaftlichen Institutionen.

Wer an weitergehendes Datenmaterial gelangt und die Mühe nicht scheut, kann noch stärker differenzieren und darüber hinaus aufschlussreiche Zusatzinformationen festhalten. Hierzu gehören die durchschnittlichen Monatsniederschläge, die mittleren und extremen Daten der Schneehöhe, monatliche und jährliche Verteilung der Windrichtung und vieles mehr.

Weiterhin gilt es das Gekländeklima zu berücksichtigen, wobei die notwendigen Erfahrungen vor Ort gesammelt werden müssen, da amtliche Daten nicht zur Verfügung stehen. Dem Geländeklima kommt eine Schlüsselrolle bei der Reviergestaltung zu. In Mulden staut sich die Kaltluft, da sie nicht abfließen kann, sodass bei Pflanzmaßnahmen spätfrostempfindliche Bäume und Sträucher keinesfalls auf derartige Standorte gehören. Ebenso dürfen Fütterungen nicht in Kaltluftsenken oder an schattigen, kalten Nordosthängen angelegt werden (Petrak 2000).

Abb. 29
Auch bezüglich des Mikroklimas sollte sich der Jäger einen Revierüberblick verschaffen. Das Wild selbst zeigt uns am besten, welche Revierteile zur Anlage eines Wildackers geeignet sind. Kalte Senken und Nordhänge gehören in jedem Fall nicht dazu.

Wild im Feuersturm

Grundsätzlich ist Feuer nur einer von vielen natürlichen und abiotischen ökologischen Faktoren (Licht, Temperatur, Wasser usw.), die die verschiedensten Ökosysteme mitgestalten und die Verbreitung und Dichte von Tier- und Pflanzenarten steuern. Dementsprechend sind etliche Arten, in erster Linie Pflanzen, an den Faktor „Feuer“ angepasst. So gelten aus dem heimischen Spektrum zum Beispiel Eichen, Kiefern und die Heidekrautgewächse als so genannte „Brandpflanzen“. Die beiden letzteren keimen sogar besonders gut, nachdem sie dem Hitzestress durch Feuer ausgesetzt waren.

Natürlicherweise greift Feuer – klimabedingt durch Blitzschlag oder Selbstentzündung ausgelöst – in viele natürliche Ökosysteme regelmäßig ein. Hinzu kommen leider Brände, speziell Waldbrände, die durch menschliche Unachtsamkeit oder Brandstiftung ausgelöst werden. Für uns Menschen steht Feuer und Brand noch immer für Vernichtung und Tod, was für wenig oder nicht fluchtfähige Organismen – Insekten, Weichtiere, Spinnen usw. – auch tatsächlich zutrifft. Die Auswirkungen sind aber meist viel geringer, als gemeinhin angenommen wird. Hierbei ist vor allem zu berücksichtigen, dass – zumindest im mitteleuropäischen Raum – stets nur ein absolut winziger Teil des Gesamtareals der verschiedenen Arten betroffen ist.

Feuer und Brand stehen natürlicherweise aber auch für einen bestimmten Punkt in der Dynamik verschiedener Lebensräume und der zugehörigen Organismen oder für eine Art „Neuanfang“. Durch die menschliche Feuerbekämpfung – die in Kulturlandschaften zum Selbstschutz und aus wirtschaftlichen Gesichtspunkten ohne jeden Zweifel notwendig ist – wurden letztlich ganze Ökosysteme in ihren Pflanzen- und Tiergesellschaften verändert. Heute wird (kontrolliertes) Feuer deshalb auch im Naturschutz eingesetzt, zum Beispiel in Nord- und Südamerika, in Afrika, aber auch in Europa, hier vor allem in Heidegebieten. Davon profitiert neben zahlreichen anderen Arten das Birkwild. In Schottland wurde traditionell die Heide gebrannt, um einen hohen Besatz an Moorschneehühnern und Schneehasen zu erreichen, denen die frisch keimende und rasch wachsende Heide ein besseres Nahrungsangebot bietet als alte Bestände (Remmert 1978).

Die Zahl der größeren Säugetiere die bei den hiesigen, in der Regel kleinflächigen, Waldbränden umkommen, bleibt normalerweise verschwindend gering. Die Tiere weichen dem Feuer aus. Bei Großbränden wird die Zahl der erstickten und verbrannten Stücke nur selten exakt registriert. Gut dokumentiert ist das Verhalten des Rotwildes im Kreis Celle im Rahmen der verheerenden Heidebrände im August 1975 durch den damaligen Kreisjägermeister von Bothmer (zit. in Raesfeld und Reulecke 1988).

Im Kurzprotokoll: Die Brandfläche umfasste 5162 Hektar. Am Beginn des Feuers wurde beobachtet, wie die Rudel schon lange vor Herannahen der Feuerfront den Gefahrenbereich verließen, ohne dabei über größere Entfernungen auszuweichen. In der Südheide blieb das Rotwild vielfach in seinen Einstandsgebieten, auch wenn diese großflächig bis auf die Stämmchen der Kieferndickungen vernichtet waren und Äsung völlig fehlte. Das Wild erlitt schwere Verbrennungen an den Läufen. Am neunten Tag nach Beginn der Katastrophe fanden von Bothmer und seine Helfer auf teilweise engem Raum Rudel von zehn bis 30 Stück – in der Asche sitzend, oder stehend in den verbrannten Dickungen. In diesen Rudeln waren gesunde und feuerkranke Stücke vereint.

Die Fluchtdistanz der völlig erschöpften Tiere lag bei etwa 30 Metern. Das Rotwild mit den schwersten Verletzungen konnte erlegt werden. Die Stücke waren im Wildbret trocken, die Decke wie Leder und der Verdauungstrakt enthielt eine schwarzwässrige Flüssigkeit. Im Extremfall waren die Läufe des noch flüchtenden Wildes bis auf die Laufknochen

Abb. 30
Feuer zählt natürlicherweise zu den so genannten abiotischen ökologischen Faktoren und ist letztlich ein natürliches Element in der Dynamik von Lebensräumen und den zugehörigen Biozönosen. Im Natur- und Artenschutz – zum Beispiel in Heidebiotopen – wird es kontrolliert und im Rahmen der gegebenen Möglichkeiten eingesetzt.

Abb. 31
In den wenigen diesbezüglich dokumentierten, großflächigen Waldbränden hinderte vor allem die Front der Löschmannschaften das Wild an der Flucht vor den Flammen. Reh- wie Rotwild flüchtete in vielen Fällen zurück in den Brandherd.

verbrannt. Das gesunde Wild verließ das Brandgebiet nicht. Es hielt die alten Wechsel ein, die wie ein graues Grabensystem die verkohlte Landschaft durchzogen, und wurde angesichts der völlig fehlenden Äsung zeitlich begrenzt gefüttert. Der Rotwildbestand in dem durch von Bothmer beschriebenden Gebiet wurde damals auf etwa 250 Stück geschätzt. Verbrannt gefunden wurden vier Stück, 61 Stück wurden nach dem Feuer mit Brandverletzungen erlegt.

Bei dieser Schilderung ist zu berücksichtigen, dass bei dem Großbrand alle Feuerwehren des Gebietes, Förster, Waldarbeiter, Bundesgrenzschutz und Bundeswehr mit schwerem Gerät (große Löschfahrzeuge, Planierraupen, Flugzeuge) im Einsatz waren und die natürlichen Reaktionen des Rotwildes deshalb nicht oder nur teilwiese erfolgen konnten. Hierfür sprechen auch die Ergebnisse von Missbach (1966), auf die im Folgenden näher eingegangen werden soll. Rehe flüchten demzufolge sehr spät vor dem Feuer, besonders führende Ricken bleiben sehr lange bei ihren Kitzen, sofern die Brände im Mai oder Juni eintraten. Das gleiche Verhalten ist für Rot- und Damalttiere mit ihren Kälbern zu erwarten. Das Rehwild verlässt in hohen Fluchten, stellenweise verhoffend die brennenden Abteilungen. Trotzdem kehrt es beim Anblick des Menschen fast ausnahmslos in die Einstände zurück und geht flüchtig durch die Flammen auf die Brandfläche. Bei Großbränden findet es nicht mehr heraus, erleidet besonders an den Läufen Brandverletzungen oder verendet an Rauchvergiftungen, was gleichsam für die anderen vorkommenden Schalenwildarten anzunehmen ist. Auch von anderen Bränden wird berichtet, dass das flüchtende Wild auf die menschliche „Verteidigungskette“ traf, und daraufhin in den Brand zurückflüchtete.

Von Bränden unter 50 Hektar wurden keine einwandfrei nachgewiesenen Wildverluste bekannt. Bei vernichteten Flächen von 50 bis 1000 Hektar schwanken die Zahlen zwischen einem und 23 Stück Schalenwild. Sehr hohe Verluste traten bei einem

Waldbrand von etwa 1400 Hektar Fläche im Jahre 1964 bei Weißwasser mit 25 Stück Rotwild, 21 Stück Rehwild, einer Sau, zwei Hasen, zwei Stück Auer- und drei Stück Birkwild auf. Die bis zum Brand in der Lüneburger Heide (1975) größte Waldbrandkatastrophe ereignete sich 1904 bei Primkenau. Der 4560 Hektar umfassenden Feuerkatastrophe fielen offiziell 100 Stück Rotwild, 40 Rehe, drei Stück Damwild, eine Sau, sieben Füchse und fünf Stück Auerwild zum Opfer.

Es kamen aber auch Brände bis 2000 Hektar Größe vor, bei denen trotz intensiver Suche keine oder nur ganz wenige Stücken Wild gefunden wurden. Die Fläche allein ist also offensichtlich nur bedingt ausschlaggebend für die Höhe der Verluste. Bei vielen dieser Brände wurde beobachtet, dass sich das Schalenwild ohne nennenswerten Schaden über die Brandfläche retten konnte. Dies wiederum hängt stark von der Brandintensität, der frei werdenden Hitze und damit von der brennbaren Bodenstreu, der Struktur des Bestandes und der an den Brandtagen herrschenden Wetterlage ab, wobei der Wind sicher eine besondere Rolle spielt. Daran gekoppelt ist bezüglich der Wildverluste die Laufgeschwindigkeit des Brandes von hoher Bedeutung. Das bisher Gesagte zeigt, dass erst beim Zusammentreffen der entsprechenden Wetterlagen, also langer Trockenperioden und starkem Wind, mit brandfördernden Standorts- beziehungsweise Bestockungsverhältnissen und Bekämpfungsmaßnahmen mit hoher Personenzahl nennenswerte Wildverluste zu erwarten sind. Verschiedene Forstleute empfehlen, bei Waldbränden Kulturzäune niederzulegen und dem Wild die Wege freizugeben. Bei einem 270 Hektar großen Brand bei Cottbus (1964) zeigte sich, dass Rehwild nicht in den Brandherd zurückwechselt, wenn sich größere Menschenansammlungen vorübergehend zurückziehen und die Löschmannschaften sich niederlegen.

Bezüglich der „Nicht-Schalenwildarten" ergaben die von Professor Karl Missbach gesammelten und ausgewerteten Protokolle über die Brände bis 1964 Folgendes: Füchse flüchten „kopflos". Die Verluste an Auer- und Birkwild dürften damals – laut Aussage der zuständigen Revierbeamten – sehr wahrscheinlich noch wesentlich höher gewesen sein als die offiziellen Zahlen. Bei dem Brand bei Weißwasser (1964) wurde eine Auerhenne beobachtet, die in die Flammen flog, abstürzte und verbrannte. Ein Hahn wurde mit verbranntem Gefieder gefunden und musste getötet werden. Nach dem Großbrand von Primkenau (1904) ging der Auerwildbestand von etwa 30 Hähnen und 90 Hennen auf elf Hähne und 35 Hennen zurück. Gemeldet wurde nach dem Brand ein Verlust von fünf Hähnen.

Nach dem Brand bei Weißwasser wurden neben zwei Stück Auerwild auch drei Stück Birkwild als verbrannt gemeldet. Gleichzeitig wurde das Birkwild auf nahe gelegenen Feldflächen beobachtet, wo es sonst nicht vorkam. Da die seinerzeitigen Birkwildreviere und besonders die Moorfläche im damaligen Kreis Weißwasser von 1945 bis 1964 siebenmal von Bränden über 100 Hektar Größe betroffen waren, scheinen die Verluste nicht besatzgefährdend gewesen zu sein. Im Gegenteil – was die oft beschriebene günstige Wirkung auf die Fortpflanzung des Birkwildes eher bestätigt. Aus aktueller Naturschutz-Perspektive sicher eine bemerkenswerte Erkenntnis. Wird doch bis heute das gezielte „Brennen der Heide" – zum Beispiel im „Naturschutzpark Lüneburger Heide (VNP)" – seitens verschiedener Schutzverbände mit Argwohn begleitet.

Bei Greifvögeln wurden keine Verluste festgestellt, wobei zu berücksichtigen ist, dass die Horstverluste, beziehungsweise jener an Jungvögeln und Gelegen, nach den Waldbränden kaum noch festzustellen sind. Die von Missbach analysierten Waldbrände verteilten sich verhältnismäßig gut über die Monate April bis einschließlich August, woran sich von 1966 bis heute wetterbedingt kaum etwas geändert haben dürfte.

2. Hirsch und Reh bei Wind und Schnee

Dr. Kurt Menzel

Über das Verhalten der heimischen Schalenwildarten bei unterschiedlichen Wetterlagen gibt es bisher nur wenige wissenschaftlich abgesicherte Erkenntnisse. Wie beim Niederwild (s. S. 66) sind wir auch hier ganz überwiegend auf die Erfahrungen bewährter Jagdpraktiker angewiesen. Dabei gibt es sicher eine Fülle von Wechselbeziehungen zwischen wildbiologischen, jagdlichen Interessen und meteorologischer beziehungsweise geophysikalischer Forschung.

So ist unser Erkenntnisstand über den Einfluss des Wetters auf die verschiedensten artspezifischen biologischen Vorgänge bei unseren Wildtieren noch sehr gering. Die Landwirte sind da schon in einer etwas besseren Lage. So hat zum Beispiel Sambale (1952) nachgewiesen, dass die „Brunft" bei Hausschafen unter dem Einfluss von Luftmassen polaren Ursprungs viel lebhafter verläuft als bei anhaltender Zufuhr von Luftmassen aus den Subtropen – und damit auch eine höhere Zuwachsrate verbunden ist.

Um die enge Beziehung zwischen Wettergeschehen und biologischen Abläufen zu verdeutlichen, sei an dieser Stelle eine Untersuchung von Schuhmacher (1956) zitiert. Der österreichische Wildbiologe hatte die allgemein bekannte Erscheinung, dass in ein und demselben Wuchsgebiet die Stärke der Rehbockgehörne von Jahr zu Jahr erheblich schwanken kann, zum Anlass genommen, die Wetterdaten der jeweiligen – dem Gehörnwachstum vorhergehenden – Winter über einen Zeitraum von zehn Jahren zu untersuchen. Dabei stellte sich heraus, dass die Zahl der Sonnenstunden in der Zeit der Gehörnbildung entscheidenden Einfluss auf die Güte der Gehörne nimmt. Es zeigte sich, dass dem Jahr mit der größten Zahl ausgezeichneter Gehörne auch der Winter mit der größten Zahl an Sonnenstunden vorausging. Umgekehrt wurde in dem Jahr mit den geringsten durchschnittlichen Gehörngewichten im Winter davor auch die geringste Sonnenscheindauer registriert. Demzufolge sind milde, schneearme und kurze Winter nicht automatisch auch „gute" Winter für die

Abb. 32
Die Zahl der Sonnenstunden in der Bastzeit ist von entscheidender Bedeutung für die Güte der Gehörne.

Abb. 33
Die ersten Raureifnächte bilden den optimalen Rahmen für die Brunft des Rotwildes. Doch findet die Brunft im ursprünglichen Sinne der Fortpflanzung selbstverständlich auch bei jedem anderen Wetter statt.

Gehörnbildung – die Zahl der Sonnenstunden ist entscheidend. Vor dem Hintergrund, dass die Sonneneinstrahlung das zur Knochenbildung notwendige Vitamin D im Wildkörper aktiviert, wird dieser Zusammenhang nachvollziehbar. Diese Erkenntnis erklärt auch, warum sich das Wild nicht nur der Wärme wegen instinktiv den Sonnenstrahlen aussetzt.

Zahlreiche der von Jagdpraktikern über den Einfluss von Witterungsfaktoren gewonnenen Einsichten finden in Jägersprüchen und kurzen, prägnanten Lehrsätzen ihren Niederschlag. So lautet ein bekanntes Sprichwort: „Jeder Tag ist Jagdtag, aber nicht jeder Tag ist Fangtag." Was heißen will: Man kann im Prinzip an jedem Tag jagen, wird aber nicht bei jedem Wetter zum Erfolg kommen. So sind für die Jagd und speziell die Pirsch auf Schalenwild feuchte Witterung und mäßiger Wind besonders geeignet. Im Zusammenwirken beider Faktoren werden die Geräusche des pirschenden Jägers weit mehr übertönt als bei Windstille und Trockenheit, die auch trockenes, raschelndes Laub zur Folge hat. Ebenso ist es im Winter erfolgversprechender, bei lockerem Pulverschnee zu pirschen als bei verharschtem Altschnee. Der Jagdspruch „Nasse Jäger taugen nichts" lässt die Erfahrung erkennen, dass Regenwetter nicht eben zu den besten Voraussetzungen für eine erfolgreiche Jagdausübung gehört. Er sagt aber – wie auch der vorherige – nichts darüber aus, wie sich das Wild bei Regen oder anderen Witterungseinflüssen tatsächlich verhält oder ob das Wild unter dem Niederschlag mehr „leidet" als der Jäger selbst, dem durch den Regen die Kleidung und sein Handwerkszeug, sprich Gewehr, Pirschstock, Spektiv und Fernglas, nass werden.

In Bezug auf die Brunft von Rehbock und Rothirsch gilt in Jägerkreisen der Spruch: „Und dieses Jäger, merke gut, und gib darauf wohl acht: Den Bock verwirrt die Sonnenglut, den Hirsch die kalte Nacht". Auch von bekannten Jagdbuchautoren wird immer wieder hervorgehoben, dass für die Brunft des Rotwildes sonnige Tage und kalte Nächte den optimalen Rahmen bieten, wobei die Betonung auf den kalten Nächten liegt. Ich selbst kann diese Erkenntnis nach langjähriger Erfahrung nur bestätigen. Zumindest dahingehend, dass sich die Sichtbarkeit der brunftenden Rehe an heißen Tagen vorübergehend deutlich erhöht und die Hirsche bei kalter Witterung häufiger und anhaltender schreien. Gleichwohl können solche Jägersprüche und Erfahrungen keine dogmatischen, allgemein gültigen Lehrsätze sein.

Denn die Brunft des Rehwildes fällt nun einmal in die Sommermonate Juli und August und damit in die heißeste Jahreszeit, sodass wir nicht davon ausgehen können, dass der Rehbock die heiße Sonnenglut unbedingt braucht, um in Brunftstimmung zu gelangen – denn dafür sorgen schon die brunftigen Schmalrehe und Ricken. Das Gegenteil ist richtig: Lang anhaltende Gluthitze lässt den Rehbock faul und träge werden. Ein großer Teil des Brunftgeschehens verlagert sich dann in die Nacht- und frühen Morgenstunden.

Hirsche brunften auch bei Schmuddelwetter

Deshalb sollte der weniger erfahrene Jäger nach dem Vorhergesagten auch nicht den Schluss ziehen, dass all das, was den besonderen Reiz der Rotwildbrunft ausmacht – das Schreien der Hirsche, ihre Kämpfe, das Umherziehen der abgeschlagenen Hirsche und vieles andere mehr – nur in sternenklaren, kalten Nächten stattfinden würde, in denen die beim Schreien der Hirsche ausgestoßene Atemluft in Form von kleinen weißen Wolken der Drossel entweicht. Selbstverständlich findet die Brunft auch bei dem berühmten „Schmuddelwetter", also bei anhaltender wärmerer, regenreicher oder dunstiger Witterung statt. Sie tritt dann nur nicht so ausgeprägt hervor, ist weniger spektakulär, bewegungsärmer und stiller. Auch sei an dieser Stelle betont, dass ich schon gehört habe, wie die Hirsche bei Sturm, Dauerregen und selbst bei Gewitter anhaltend schrien. Was aber sicher weitgehend von der Wilddichte, in diesem Fall einer ausreichenden Zahl an Brunfthirschen, und der Ungestörtheit des Reviers abhängig ist.

Abb. 34
Gute Äsungsbedingungen während der Feistzeit können markanten Einfluss auf den Brunftbeginn nehmen.

Die Paarungszeit sämtlicher Wildarten wird ausnahmslos hormonell gesteuert. Dabei gibt es hinsichtlich der Jahreszeit artspezifische, genetisch fixierte Unterschiede. Dennoch ist zum Beispiel der Beginn der Rotwildbrunft nicht nur regional unterschiedlich. Er kann auch in einem bestimmten Gebiet von Jahr zu Jahr und in einem bestimmten Rahmen variieren, was in erster Linie von der körperlichen Verfassung des Wildes abhängt. Allgemein gilt, dass das Rotwild in einem mehr kontinental geprägten Klima stärker im Wildbret ist, als in mehr atlantisch beeinflussten Gebieten. Das durchschnittliche Körpergewicht der Hirsche steigt demzufolge in Mitteleuropa von Nordwest nach Südost – und genau umgekehrt verhält es sich mit dem Beginn der Brunft.

Was den jährlich von der Norm abweichenden Brunftbeginn innerhalb eines bestimmten Gebietes anbelangt, so erklärt sich dieser unter anderem durch wechselnde Äsungsbedingungen. Sind diese gut, so werden sich auch die Hirsche in einer guten körperlichen Verfassung befinden und in der Regel früher brunften. Die abweichenden Äsungsbedingungen wiederum werden in erster Linie durch unterschiedliches Wetter hervorgerufen, das die Wuchsbedingungen für die bevorzugten Äsungspflanzen bestimmt. Die jährlich vorherrschende Witterung ist also indirekt für einen unterschiedlichen Brunftbeginn verantwortlich. Äsungsmangel kann jedoch auch durch das Unterlassen der Winterfütterung – dort wo notwendig – oder die Vernachlässigung von Wildäsungsflächen eintreten. Lange Winter mit anhaltend hohen Schneelagen und tiefen Temperaturen setzen dem Rotwild stärker zu als milde und schneearme Winter. Entsprechend längere Zeit braucht es, um zu regenerieren. Gute Eichen- und Buchenmastjahre schaffen die Voraussetzung für eine gute körperliche Verfassung aller heimischen Schalenwildarten. Anhaltende Trockenheit im Frühjahr oder Sommer verschlechtert die Äsungsbedingungen und verhindert die rechtzeitige Bildung von Fettreserven.

Eine im Zusammenhang mit dem Wetter unter Jägern am häufigsten gestellte Frage lautet: „Bei welchem Wetter kann ich am sichersten mit dem Anblick von Wild rechnen?“ Diese Frage ist leichter

Abb. 35
Auch das Damwild weiß nach starken Schneefällen und bei Frost die wärmenden Sonnenstrahlen zu schätzen.

gestellt als beantwortet und hängt natürlich auch von der Wildart und den revierspezifischen Rahmenbedingungen – zum Beispiel der Störungsintensität – ab. Eines aber kann man sicher verallgemeinernd sagen: Es ist nicht immer der strahlende Sonnenschein, der das Wild auf die Läufe bringt und auf die Freiflächen lockt. Es sind vielmehr die Tage mit ganzer oder partieller Bewölkung, die die Aktivitäten des Schalenwildes steigern. Sonnige Plätze können im Winter von jedem Stück Wild aufgesucht werden, um sich zu wärmen. Ein Rudel Gamswild wird im Sommer hingegen schon in den frühen Morgenstunden den Schatthang aufsuchen, um den warmen Sonnenstrahlen und der einsetzenden Hitze zu entgehen.

Hinsichtlich der Sonnenwärme geht es dem Wild also wie dem Menschen: Zuviel kann lästig und erdrückend sein, zu wenig ist auch nicht gut. Unsere Schalenwildarten meiden die Sommerhitze insbesondere bei nur geringer Luftbewegung, indem sie schattige, gedeckte Plätze aufsuchen. Dies jedoch nicht nur der lähmenden Wärme wegen, sondern auch, weil sie bei diesen Witterungsverhältnissen vermehrt von parasitierenden Insekten belästigt werden. Hierzu gehören insbesondere die Rachenbremsen (Cephenomyia rufibarbis, Pharyngomyia picta), die Dasselfliegen der Gattung Hypoderma und verschiedene Bremsenarten. Mitte Juli beobachtete ich in den späten sonnigen Vormittagsstunden ein größeres Rudel Rotwild auf einer Äsungsfläche. Das Wild war äußerst unruhig und unterbrach ständig das Äsen, um von einem Fleck zum anderen zu eilen. Der Grund dieser Unruhe war schnell erkannt: Offensichtlich hatten die Rachenbremsen einen besonderen Flugtag, denn Unmengen der lästigen Parasiten umkreisten die Häupter sämtlicher Rudelmitglieder – vom geringsten Kalb bis zum stärksten Alttier. Alle Tiere versuchten durch ständiges Schnauben und Niesen sich der kurz vor dem Windfang fliegenden Peiniger oder deren schon an oder in die Nasenlöcher gespritzten Larven zu entledigen, was jedoch offensichtlich nicht immer gelang. Auch durch wiederholt eingelegte kurze Fluchten konnten sie sich den hummelähnlichen Fliegen nicht entziehen. Schließlich wurde es dem Rotwild so unerträglich, dass es

Abb. 36 *Bei einer entsprechenden Jagdausübung ist selbst das Schwarzwild in ruhigen Revierteilen während der Mittagsstunden anzutreffen.*

die Äsungsfläche verließ und in einem schattigen Einstand Schutz von den Plagegeistern suchte.

Auch die Bremsen können in den Sommermonaten dem Wild so lästig werden, dass es offene Flächen meidet. Hier sind es vor allem die Regenbremsen (Haematopota pluvialis), die besonders vor Gewittern höchst aggressiv werden. Oft habe ich es erlebt, dass sich in den späten Morgen- und frühen Abendstunden bei absoluter Windstille und drückender Schwüle kein Stück Rot-, Dam- oder Rehwild auf sonst bevorzugten Äsungsflächen blicken ließ, um den Stichen der Bremsen zu entgehen. Selbst die Sauen, die aufgrund ihrer Schwarte einiges vertragen können, sind an diesen Tagen weit mehr als sonst beunruhigt, was man an den sich ständig drehenden Pürzeln leicht erkennen kann. Wenn der Jäger selbst bei solcher Wetterlage von den penetranten, blindwütigen Plagegeistern heimgesucht wird, fällt es umso leichter, das Verhalten der Wildtiere nachzuempfinden.

Meist ist das Wild in den frühen Morgenstunden vertrauter und sichert nicht so auffällig wie beim Anwechseln am Abend. Da unser Schalenwild einen arteigenen Äsungsrhythmus einhält, kommen für einen erfolgreichen Jagdgang auch die Mittagsstunden – etwa in der Zeit von 11.30 Uhr bis 13.00 Uhr – in Betracht. Den Anblick von äsendem Wild bei hoch am Himmel stehender Sonne wird man jedoch heute infolge der permanenten Beunruhigung unserer Reviere weit weniger erleben können als zu früheren Zeiten. Aber überall dort, wo es ausreichend Ruhe findet, wird das Wild seinen natürlichen Tagesrhythmus einhalten und die oft äsungsarmen Einstände verlassen.

Ein unerklärliches Phänomen

Bei der viel diskutierten Frage über den Einfluss des Wetters auf die Beobachtbarkeit des Wildes möchte ich im Folgenden ein Phänomen beschreiben, dass sicher vielen Jägern schon begegnet ist und für das wir keine plausible Erklärung haben – das aber ohne jeden Zweifel wetterbedingt sein muss. Als Leiter des großen Bundesforstamtes Siebensteinhäuser auf dem NATO-Truppenübungsplatz Bergen in der Lüneburger Heide bekam ich eines Tages im Juni Besuch von dem neuen Kommandanten des Platzes. Wie bei solchen Anlässen üblich, unternahm ich eine längere Revierfahrt mit dem auch an der Tier- und Pflanzenwelt seines künftigen Wirkungsbe-

Abb. 37
An besonderen Tagen kann man bei einer Revierfahrt zahlreiches Wild antreffen – hier ein stärkeres Rudel Damwild.

reichs interessierten Herrn Oberst. Der Anblick im Laufe dieser Nachmittags- bis späten Abendstunden war beachtlich: Dort stand im hellen Sonnenschein eine Bache mit ihren gestreiften Frischlingen, hier wiederum ein Rudel Kahlwild, in dem sich schon die diesjährigen Kälber tummelten. Damwild äste auf einer großen Grünfläche, Rehböcke streckten ihr Haupt aus dem hohem Bentgras, eine kleine Rotte Überläufer querte unseren Weg und zum Abschluss sahen wir auf einer lang gestreckten Wiesenfläche ein Rudel Feisthirsche, das uns in angemessenem Abstand vorbeifahren ließ. Mein Gast war von unseren Beobachtungen derart angetan, dass er mich am Ende der Fahrt spontan fragte, ob wir diese Exkursion nicht noch einmal wiederholen könnten, und zwar in Begleitung seiner Ehefrau, die ihn in zwei Tagen besuchen käme und sicher Gefallen gerade am Anblick der vielen Jungtiere finden würde.

Der fragliche Tag kam und mit ihm die „Frau Oberst". Wir fuhren zu dritt zur gleichen Zeit und exakt die gleiche Route wie am ersten Tag durchs Revier. Das Wetter war ebenfalls identisch: Wiederum ein warmer Junitag mit 16 bis 18 Grad, teils bedecktem, teils klarem Himmel und mäßigem Westwind. Und nun kam das Unvorhersehbare, das nicht für möglich Gehaltene, das für mich im höchsten Grade Peinliche: Wir sahen kaum ein Stück Wild. Keine Bache mit Frischlingen, kein Reh- oder Rotwild auf den weiten Flächen des Übungsplatzes, nichts. Auf weite Entfernung entdeckte ich endlich drei Stück Damwild, die beim Anblick des Wagens aber umgehend die Flucht ergriffen. Eine Ricke drückte sich in das Weidengebüsch am Wegesrand und die Feisthirsche glänzten durch Abwesenheit. Zum Glück hatte die Dame Humor und ließ sich die Enttäuschung nicht anmerken. Der Herr Gemahl jedoch bekam zu hören, dass er bei der ersten Fahrt wohl ein wenig zu tief ins Glas geschaut und alles doppelt und dreifach gesehen habe. Wie war das möglich? Nach meinem Empfinden waren an beiden Tagen die Wetterbedingungen annähernd identisch. Doch musste sich schon während der Beobachtungsfahrt ein Wetterumschwung angedeutet haben, denn kurz darauf kühlte es merklich ab und mit nordwestlichem Wind zogen Regenwolken über das Land.

Dieses Erkennen, Erfühlen oder Erahnen eines Wechsels in der Wetterlage, gemeinhin als „Wetterfühligkeit" bezeichnet, ist uns Menschen offensichtlich nicht mehr in dem Maße gegeben, wie es mit hoher Wahrscheinlichkeit beim Wild der Fall ist.

Abb. 38 *Es muss an einem Wetterumschwung liegen, wenn tags darauf das Wild – hier eine alte Ricke – die Deckung nicht verlässt.*

Gleichwohl dürfen wir auch den Wildtieren nicht unterstellen, dass sie über geheimnisvolle Kräfte der Wetterprognose verfügen. Dass sie aber weitaus feinfühliger als der Mensch auf Wettervorboten wie Änderungen beim Luftdruck oder der Luftfeuchtigkeit reagieren, dürfte außer Frage stehen. Fest steht, dass die Witterung die Tiere in freier Natur stark beeinflusst und dass Witterungsumschwünge den Aktivitätsrhythmus des Wildes verändern.

Konkret heißt das für den Jäger, dass nach einem Wetterwechsel speziell das Schalenwild früher oder später zur Äsung auswechseln oder zu unterschiedlichen Zeiten morgens wieder einwechseln kann. Sicher wird es auch Menschen geben, die eine gewisse Wetterfühligkeit besitzen und bei aufkommenden Schmerzen in den Gliedern und an vernarbten Verletzungen oder an knarrenden Dielen und klemmenden Schubladen einen Wetterumschwung vorausahnen können. Bleiben wir also bei den Vorhersagen. Führt das vielfach gepriesene Abendrot tatsächlich zu schönem Wetter am nächsten Tag und ist ein hoher Luftdruck auf der Barometeranzeige ein Garant für viele Tage Sonnenschein? Fragen über Fragen, die wir nicht durch stehende Redewendungen, sondern nur systematisch und wissenschaftlich begründet beantworten können.

„Wenn die Krähen schrei'n, stell dich auf Regen ein!?"

Auch wenn sich unsere Wetterdienste bezüglich der Wettervorhersagen in den zurückliegenden Jahren deutlich verbessert haben und die Zuverlässigkeit für die folgenden Tage wirklich beachtlich ist, bleiben langfristige Prognosen noch immer problematisch und häufig reine Spekulation. Selbst noch so eingehende Beobachtungen der Natur lassen uns zum Beispiel nicht erkennen, ob der kommende Winter kurz und mild oder lang und streng wird. Denken wir nur an die berühmten vielen Haselnüsse, die es dem Volksmund nach nur vor sehr kalten Wintern gibt, an den Siebenschläfer und an die Eschen, die vor den Eichen blühen und einen trockenen Sommer prognostizieren sollen und umgekehrt.

Doch haben wir heute die Möglichkeit, über die modernen Medien die amtlichen Wettervorhersagen abzufragen, um jagdliche Vorhaben planen und vorbereiten zu können. Wir müssen sie nur richtig auslegen können. Ganz schlaue Füchse verlassen sich nicht nur auf die Wetterberichte im Radio oder Fernsehen, sondern ziehen zusätzlich das Internet, den Seewetterbericht, landwirtschaftliche Wetterdienste oder Prognosen ausländischer Sender, beispielsweise von der britischen BBC, zu Rate. Nun hat sicher schon jeder, der sich für das Wetter und die Wettervorhersagen interessiert, zu seinem Leidwesen erfahren müssen, dass selbst die auf wissenschaftlicher Basis erarbeiteten Vorhersagen nicht immer zutreffen. Im Allgemeinen sind sie uns aber eine gute Hilfe. Mit dem alten Jägerspruch „Wenn die Krähen schrei'n, stell dich auf Regen ein!" kommen wir jedenfalls nicht weit. Ganz sicher trifft jedoch immer noch eine der vielen alten Bauernregeln zu: „Gibt es Schnee im Mai, ist der April vorbei".

Zur Erheiterung möchte ich noch eine Geschichte über die Glaubwürdigkeit von langfristigen Wetterprognosen erzählen, die ich bei einem winterlichen Jagdaufenthalt im Norden Kanadas erfuhr. Ein weißer Farmer steht vor seinem Blockhaus und hackt Holz. Als ein alter Indianer vorbeikommt, fragt ihn der Farmer: „Joe, was für einen Winter gibt es dieses Jahr?" – „Einen kalten", sagt der Indianer und geht weiter. Als er zwei Tage später wiederum vorbeikommt, ist der Farmer immer noch beim Holzhacken und fragt erneut: „Joe, wie wird der Winter?" – „Oh, der wird kalt, sehr kalt!" Wieder legt sich der Farmer mächtig ins Zeug und hat schon einen riesigen Haufen Holz gehackt, als der alte Joe noch einmal an seinem Haus vorbeigeht. „Joe, wie glaubst du, wird der Winter?" – „Bitterkalt, eisig" entgegnet der Alte. „Sag mal Joe, woher weißt du eigentlich, daß der Winter so entsetzlich kalt werden wird?" – „Weil der weiße Mann hackt so viel Holz", gab darauf der Indianer zur Antwort und ging weiter.

Besonders für die Vorbereitung und Durchführung großer Gemeinschaftsjagden, ist ein Blick auf die Wetterkarte unerlässlich. Entsprechend der Kenntnis des jeweiligen Wildverhaltens bei unterschiedlicher Witterung wird der erfahrene Jagdleiter seine Anordnungen treffen. Er weiß beispielsweise, dass die Sauen bei trockenem, sonnigem Wetter in den lichten Laubholzverjüngungen und bei Regen in den Nadelholzdickungen stecken und wird die Treiber und Hunde entsprechend verteilen und einsetzen.

Es gibt in diesem Zusammenhang eine ganz besondere Wetterlage, die die Durchführung von Beunruhigungsjagden unmöglich macht und bei der man als verantwortlicher Jagdleiter manchmal noch am Morgen des vorgesehenen Jagdtages das ganze Unternehmen absagen muss – morgens einsetzender Eisregen! Gemeint ist damit die Situation, in der bei Minusgraden auf hart gefrorenen Boden kalter Regen fällt, der sofort gefriert und die Bodenoberfläche mit einer mehr oder weniger dicken Eisschicht überzieht. Ebenso können die Ansitzmöglichkeiten und die Waffen entsprechend vereisen. Unter solchen Bedingungen kann man weder seinen Jagdgästen zumuten, mit dem Auto anzureisen beziehungsweise ins Revier zu fahren, noch kann man aus Gründen der Sicherheit an den Umgang mit geladenen Waffen denken. Weiterhin muss bei derart extremen Wetterlagen jede Beunruhigung des Wildes aus Tierschutzgründen unterbleiben.

Häufig habe ich es jedoch an solchen Tagen erlebt, dass unter dem Einfluss wärmerer Luftströmungen und mit zunehmender Erwärmung des Niederschlags das Eis sich noch in den Vormittagsstunden auflöste. Besserte sich dann noch das Wetter und blickte sogar vereinzelt die Sonne aus der Wolkendecke hervor, dann bereute ich es schon, die ganze Jagd voreilig abgeblasen zu haben. Doch geht unsere Gesundheit und die des Wildes vor.

Wenngleich unsere Schalenwildarten den Regen nicht besonders mögen und bei heftigen Niederschlägen mehr als sonst den Schutz geeigneter Deckung suchen, werden sie auch bei lang anhaltendem Regenwetter und ansonsten verminderter Aktivität nicht auf die Nahrungsaufnahme verzichten und auf die gewohnten Äsungsflächen ziehen.

Abb. 39
Selbst ein kräftiger Regen vermag im Zweifel das Brunfttreiben des Rehwildes nicht zu unterbrechen.

Dem Wild sieht man jedoch an, dass ihm das schlechte Wetter nicht behagt und es sichtbar lustlos und hastig äst. Selbst hoch passionierte Jäger beobachten das sehr selten, weil auch sie bei diesem Wetter in der Regel zu Hause bleiben und selbst bei Aussicht auf Erfolg auf einen Pirschgang verzichten, weil unter diesen Umständen die Jagd nicht die gleiche Freude bereitet wie bei besserem Wetter.

Erfahrene Jäger nutzen jedoch die Regenstunden und -tage, um besonders heimliche, vorsichtige Stücke zu bejagen. Außerdem mag das Wild die nach und während des Regens von den Bäumen herabfallenden Wassertropfen nicht und dies nicht nur, weil sie „nass" sind, sondern weil sie für eine fortwährende Geräuschkulisse im Wald sorgen und dem Wild damit die Erkennung möglicher Gefahren erschweren. Bei leichtem Dauerregen ist unser Schalenwild deshalb häufiger auf den Läufen, als man es erwarten würde.

Zeeb (1990) hat in seiner Dissertation den Einfluss des Regens auf das Verhalten des Rot- und Damwildes untersucht und dabei festgestellt, dass sich die Tiere in Stunden mit Regen signifikant weniger niedergetan hatten und offensichtlich mehr im Stehen mit dem Wiederkäuen und der Körperpflege beschäftigt waren. Sie vermeiden es offenbar, sich auf den kalten und nassen Grund zu legen. Dagegen zeigte sich erwartungsgemäß, dass der Regen das Wild nicht von der Äsungsaufnahme abhält. Es äst an Regentagen genauso lange wie an trockenen Vergleichstagen. Zusammenfassend lässt sich sagen, dass unfreundliches Wetter, Regen, feuchtkalte Luft und Nebel die Aktivität des Schalenwildes keinesfalls in dem Maße mindern, wie es in jägerischen Diskussionen immer wieder zu hören ist. Viele Jäger neigen jedoch trotzdem dazu, den ausbleibenden Jagderfolg zum Beispiel eines Ansitzes zu sehr dem herrschenden „schlechten" Wetter anzulasten.

Taugen nasse Jäger wirklich nichts?

Ich erinnere mich in diesem Zusammenhang an eine Pirsch in den österreichischen Hohen Tauern, bei der es auf eine alte Gamsgeiß gehen sollte. Wir – der begleitende Jäger und ich – waren den ganzen Vormittag bis über die Mittagsstunden hinaus bei bedecktem Himmel gepirscht und hatten viel Gams- und Rotwild in Anblick bekommen. Das zum Abschuss passende Stück war jedoch nicht dabei.

Abb. 40
Noch während des Regens sind die Kolbenhirsche zur Äsung ausgezogen und werden sich dabei recht sicher fühlen.

In den frühen Nachmittagsstunden dann setzte heftiger Regen ein, sodass wir eigentlich wieder hätten absteigen können. Doch es gab am Rande eines älteren Fichtenbestandes einen Ansitzschirm (den einzigen in diesem Revier), der auch noch über ein komfortables Dach verfügte. Dorthin zog es uns, wo wir bei trockener Haut noch den Rest des Büchsenlichtes abwarten wollten. Der Regen ließ allmählich nach, doch nieselte es weiterhin und der Himmel blieb grau in grau. Von unserem Sitz aus hatten wir freien Blick auf einen gegenüberliegenden, mit Gras bewachsenen Steilhang. Bald entdeckten wir zu unserer Linken drei junge Gamsböcke, die sich durch den Regen nicht stören ließen und eifrigästen. Nach über einer Stunde trat dann aus einer Lärchengruppe plötzlich ein einzelnes Stück Gamswild aus – die lang gesuchte, uralte Geiß, die mit einem guten Schuß zur Strecke kam. Neben vielen anderen Beispielen zeigt dieses Erlebnis, dass sich Regen und eine erfolgreiche Jagd nicht unbedingt ausschließen.

Dass gerade Reh- und Rotwild nach heftigen Gewitterregen tagsüber ins Freie tritt, um zu äsen und um die nasse Decke trocknen zu lassen, dürfte allgemein bekannt sein. Der erfahrene Jäger begibt sich daher schon während des Gewitters ins Revier, um bei den ersten Sonnenstrahlen bereits an Ort und Stelle zu sein. So wird er manch alten Rehbock oder Feisthirsch, den er sonst nicht zu Gesicht bekam, überlisten können.

Welche Gefahren birgt ein Gewitter?

In einem vom Ausschuss für Blitzschutz und Blitzforschung im Verband Deutscher Elektrotechniker herausgegebenen Merkblatt zur Verhütung von Blitzunfällen im Freien wird dazu Folgendes gesagt: Ein Gewitter – und damit die Gefahr, von einem Blitz getroffen zu werden – ist dann bedenklich nahe, wenn zwischen Blitz und Donner weniger als zehn Sekunden vergehen. Es ist dann höchsten drei Kilometer entfernt. Der nächste Blitz kann bereits in unmittelbarer Nähe einschlagen. Dabei treten kurzzeitige Spannungen von einigen Millionen Volt und Ströme bis zu 100.000 Ampere auf. Nahezu alle Blitzunfälle ereignen sich außerhalb von Gebäuden. Wolken-Erde-Blitze schlagen an solchen Stellen ein, die die Umgebung überragen. Das kann im Freien auch der Mensch sein, der spazieren geht, läuft, Fahrrad fährt, reitet, jagt oder ein landwirtschaftliches Gerät bedient.

Abb. 41
Noch hängen die Regentropfen an Baum und Strauch, da versucht das Damtier sich auf dem sonnigen Weg zu trocknen.

Wird ein Mensch direkt von einem Blitz getroffen, so entstehen in der Regel Brandspuren oder Verbrennungen auf der Haut. Nasse Kleider werden aufgerissen, metallene, am Körper getragene Gegenstände zeichnen sich durch Strommarken auf dem Körper ab. Auch ein Blitzschlag, der den Menschen nicht unmittelbar trifft, sondern in der Nähe des Standorts einschlägt, kann lebensgefährlich sein. Fließt ein Blitzstrom durch den menschlichen Körper, so tritt ein ähnlicher Schock auf wie bei der Berührung unter elektrischer Spannung stehender Teile in Starkstromanlagen. Der Strom wirkt unmittelbar auf das Herz und kann zu Herzkammerflimmern oder Herzstillstand und somit zum Tode führen. Auch Reiz- und Wärmewirkungen auf das zentrale Nervensystem und alle vom Strom durchflossenen Körperteile können auftreten. Dabei können Nerven und Muskeln gelähmt werden und Verbrennungen entstehen.

Wenn der Unfall nicht tödlich verläuft, schwinden in der Regel die Nerven- und Muskellähmun-

Abb. 42 *In diesem Fall hätte der Blitz fast ganze Arbeit geleistet. Ein abgetrennter Teil der Fichte durchschlug zwar die Leiter, der Rest der Kanzel aber blieb unbeschädigt.*

gen im Verlauf von Stunden – äußersten Falls von Tagen – ohne schädliche Nachwirkungen.

In unmittelbarer Nähe eines vom Blitz getroffenen Gegenstandes besteht für Personen die Gefahr eines Blitzüberschlages. Menschen, die sich unter Bäumen, neben Masten, in der Nähe der Außenwände von Scheunen, Jagdhütten, Unterständen oder auf Hochsitzen befinden, sind daher besonders gefährdet.

Der Blitzstrom wird an der Einschlagstelle nicht punktförmig vom Erdboden aufgenommen. Er benötigt – abhängig von der Beschaffenheit des Erdbodens – unterschiedlich lange Wege, um in das Erdreich einzudringen. Ein Mensch ist auch bei einem größeren Abstand vom Einschlagsort des Blitzes durch Stromstöße gefährdet. Die Gefahrenzone beträgt bei Lehm und nassen Böden bis zu 15 Meter, bei Sand- und Kiesböden bis zu 50 und bei Felsen bis zu 100 Meter und mehr. Beim Berühren des Erdbodens oder einer Felswand mit Händen, Füßen oder beim Liegen kann ein Teil des Blitzstroms über den Körper fließen. Dieser führt meist zu unkontrollierten Reaktionen der Muskeln. Personen können bis zu einigen Metern weit geschleudert werden. Im Wasser verteilt sich der Blitzstrom ähnlich wie im Erdboden über große Flächen. Schon ein schwacher Blitzstrom kann bei Schwimmern zu Schockreaktionen führen und den Tod herbeiführen. Der grell aufleuchtende Blitz ruft eine starke, kurzzeitige Blendung hervor. Diese genügt oft, um bei der Benutzung von Kraftfahrzeugen von der Straße abzukommen.

Wo finde ich Schutz?

Wird man allgemein von einem Gewitter überrascht, so bieten Gebäude aller Art mit Blitzschutzanlagen, Fahrzeuge mit Ganzstahlkarosserie oder geschlossene Zugmaschinen einen sicheren Schutz. Im Freien sollte man jedoch nach Möglichkeit eine Bodenmulde, einen Hohlweg, die Sohle eines Steinbruchs oder den Fuß eines Felsvorsprungs aufsuchen. Wichtig ist, sich nicht an Felswände anzulehnen, keine Personen oder Tiere mit den Händen zu berühren oder sich einzuhaken. Man soll sich mit geschlossenen Beinen hinhocken, nicht hinlegen! Von Drahtseilen, Weidezäunen, eisernen Leitern und Ähnlichem sollte man Abstand nehmen. In Scheunen und Hütten, die keine Blitzschutzanlage haben, sollte man sich in die Mitte des Raumes begeben und in Hockstellung das Ende des Gewitters abwarten.

Im Inneren eines Waldbestandes mit gleichmäßig hohem Baumbestand ist man relativ sicher. Am Waldrand sollte man sich jedoch nicht aufhalten! Einzeln stehende Bäume sind zu meiden. Als falsch hat sich der lange Zeit verbreitete Spruch erwiesen, der da lautet: „Von Eichen sollst Du weichen, die Buchen sollst Du suchen!“ Zwar wird in einzeln stehende Eichen wegen ihrer weit in den Boden reichenden Pfahlwurzeln der Blitz eher einschlagen als in eine flach wurzelnde Buche, ein nasser Buchenstamm ist jedoch ein genauso gefährlicher Blitzableiter wie ein Eichenstamm. Das gilt übrigens für alle Baumarten. Bei aufkommenden Gewittern sollte der Jäger rechtzeitig die Wasserarbeit mit seinen Hunden beenden, sich nicht unter einzeln stehende Bäume stellen, seine Waffe in gebührendem Abstand abstellen und wenn man mit mehreren Personen unterwegs ist, möglichst viel Abstand voneinander halten.

Tröstlich ist, dass nach der Unfallstatistik der letzten Jahre weit mehr als die Hälfte der Personen überlebte, die von einem Blitzschlag getroffen wurden. Über erste Hilfe bei Blitzunfällen sollte jede Jägerin und jeder Jäger in ausreichendem Maße informiert sein. In jedem Falle aber müssen sie beim Auffinden eines vom Blitz getroffenen Menschen unverzüglich ärztliche Hilfe und den Rettungsdienst herbeirufen.

Gänzlich anders als die übrigen Schalenwildarten reagiert unser Schwarzwild auf Regen und Nassschnee. Nicht umsonst heißt im Volksmund schlechtes, nasses und windiges Wetter deshalb

„Sauwetter". Offensichtlich sind die Sauen auf Grund ihrer dicken, mit langen Borsten und dichten Wollhaaren ausgestatteten Schwarte, unter der noch eine mehr oder minder dicke Fettschicht liegt, weit weniger empfindlich. Daher wird man auch bei noch so schlechtem Wetter das Schwarzwild immer wieder auf den bekannten Äsungsflächen antreffen. Bei solchem Wetter vielleicht sogar verstärkt, denn jahrelange Erfahrung hat die intelligente Leitbache sicher gelehrt, dass unter diesen Witterungsbedingungen mit „Feindberührung" in Form des jagenden Menschen weit weniger zu rechnen ist.

Dass auch die übrigen Schalenwildarten eisigen Wind, Schnee und Frost bis zu gewissen Kältegraden unbeschadet überstehen können, liegt ebenfalls an der Ausbildung ihres Haarkleides, der Decke. Wer einmal ein Haar des Rotwildes unter dem Mikroskop untersucht hat, wird von der außerordentlich großen, im Haarkörper enthaltenen Luftmenge überrascht sein. Dieser hohe Luftgehalt im Haar ist allen Hirscharten – vom Elch bis zum Reh – gemeinsam. Das in den Haaren gespeicherte Luftpolster ist ein gut isolierender, natürlicher Kälteschutz. An den Haarwurzeln liegen Talgdrüsen, deren Fett das Haar nicht nur gegen Nässe schützt, sondern auch geschmeidig hält. Somit sind auch die Cerviden gegen Kälte und Regen in gewissen Grenzen gut geschützt. Der Mensch hat es verstanden, sich im Laufe der Jahrtausende eine immer besser schützende „zweite Haut" anzulegen. So sagt man heute salopp, dass es auch für den Jäger eigentlich kein schlechtes Wetter mehr gibt, sondern nur noch unpassende Kleidung.

Für Pirschgänge im Regen ist eine geräuscharme und wasserdichte Kleidung einschließlich Kopfbedeckung – am besten ein breitkrempiger Hut – unbedingt zu empfehlen. Daneben dürfen Gummistiefel oder gut imprägnierte Lederstiefel nicht fehlen. Dass man Regenhosen über den Stiefeln trägt und nicht in dieselben steckt, wird derjenige leidvoll erfahren haben, dem schon das Regenwasser in die Stiefel lief. Die ursprünglich aus England

Abb. 43
Welch hervorragende Kälte-Isolation die Decken der heimischen Schalenwildarten bieten, demonstriert das Beispiel dieses Rothirsches, bei dem selbst der Schnee auf der Decke nicht taut.

importierten Wachsjacken haben auf der Jagd oft den Nachteil, daß sie nicht geräuschlos sind. Nach längerem Tragen werden sie jedoch weicher und damit leiser. Auch Bekleidung aus Goretex oder ähnlichen Kunstfasern hat sich auf der Jagd bewährt, aber viele traditionsbewußte Jäger schwören noch immer auf die guten, alten Lodensachen, wobei ich vor allem der Lodenkotze – auch Wetterfleck genannt – das Wort reden möchte. Wichtig bei der Jagd im Regen sind Schutzkappen für das Fernglas und das Zielfernrohr und ein Klebeband über der Laufmündung kann auch nicht schaden. Ganz wichtig ist es, immer zwei oder drei trockene Taschentücher bei sich zu haben, damit man im „Ernstfall" die Optik an Glas und Waffe trocken reiben kann. Zu schnell wird in solchen Situationen ein einziges Tuch nass und damit unbrauchbar.

Unsere Wildtiere sind mit einer Reihe von Sinnen ausgestattet, die sie unter anderem zur Feindvermeidung, bei der Äsungsaufnahme und Fortpflanzung sowie zum Erkennen von Artgenossen und deren möglichen Territorien nutzen. Von den drei wichtigsten Sinnen – Sehen (Äugen), Hören (Vernehmen) und Riechen (Wittern) – spielt ohne Zweifel das Witterungsvermögen eine ganz besondere Rolle (s. S. 32). Wir Menschen können uns noch relativ leicht in das Seh- und Hörvermögen der Wildtiere hineinversetzen, ihr Windfang aber wird uns ebenso ein „Buch mit sieben Siegeln" bleiben wie die Nase unserer Hunde. Speziell das Schalenwild kann nicht nur auf viel weitere Entfernungen „etwas riechen" als wir Menschen, sondern auch viel differenzierter Gerüche der verschiedensten Art voneinander unterscheiden. So erkennt das führende Alttier sein eigenes Kalb ebenso sicher am Geruch wie der Frischling seine Bache und umgekehrt. Auch zur Brunft oder Rauschzeit geht ohne „gute Duftströme" und ihre Wahrnehmung gar nichts.

Die überragende Bedeutung des Geruchssinnes kommt beim Schalenwild jedoch beim Feindverhalten zum Ausdruck. Denn vor allem durch seinen guten Windfang, wie die Nase in der Jägersprache mit Fug und Recht heißt, erkennt es unter Wind auch auf große Distanz seine Feinde, ganz gleich ob Mensch oder Raubtier. Eine Ausnahme macht hinsichtlich der Sinneswahrnehmungen das Muffelwild, das sich vorrangig optisch orientiert. Bei ihm ist das Sehvermögen besonders gut ausgeprägt, der Geruchssinn dagegen nur zweitrangig. Was nicht heißen soll, dass beim Ansitz oder der Pirsch auf Mufflons der Wind keine Rolle spielt.

Immer und überall muss daher der Jäger in erster Linie den Wind beobachten. Denn wichtiger als

Abb. 44 *Das Muffelwild sucht als „Augentier" sucht gern erhöhte Punkte auf, um sein Umfeld besser kontrollieren zu können.*

***Abb. 45** Bei einer derart hohen Kanzel wird das Wild zumindest in unmittelbarer Nähe keinen Wind vom ansitzenden Jäger bekommen.*

geschicktes Tarnen und geräuschloses Verhalten ist für den Jäger beim Pirschen oder Ansitzen ein „guter Wind“, der ihm sozusagen ins Gesicht weht und seine Witterung nicht in die Richtung der zu erwartenden Wildtiere trägt. Das ist oft leichter gesagt als getan, denn die meisten unserer festen jagdlichen Ansitzeinrichtungen sind für den Wind aus der vorherrschenden Richtung – in unseren Breiten für westliche Winde – konzipiert. Weht der Wind aus der entgegengesetzten Richtung, werden diese Ansitzmöglichkeiten weitgehend unbrauchbar. Daher ist es sinnvoll, an jagdlich besonders attraktiven Flächen Ausweichmöglichkeiten für den Ansitz zu schaffen. Das müssen nicht gleich stabile Kanzeln in doppelter Ausführung sein. Für solche Fälle genügen auch einfache Schirme oder Ansitzböcke.

Viele Jäger vertrauen darauf, mit besonders hohen Bauwerken, mit über acht bis zehn Meter hohen Kanzeln, das Wild überlisten zu können. Sie gehen dabei davon aus, dass bei derart hohen Anlagen die menschliche Witterung nicht an den Boden gelangt und das Wild sich quasi unter dem verräterischen Wind bewegt. Das trifft nach meiner Erfahrung jedoch so nicht zu. In unmittelbarerer Nähe eines sehr hohen Sitzes wird man unabhängig von der herrschenden Windrichtung immer „guten Wind“ haben, in mehr oder minder weiter Entfernung jedoch wird sich je nach Windstärke und Luftdruck die menschliche Witterung nach unten durchschlagen und vom Wild wahrgenommen werden. Doch gibt es auch Tage, an denen die Luft stetig nach oben steigt und unser verräterischer Geruch dem Wild selbst von den niedrigsten Ansitzhockern nicht mehr zugetragen wird.

Das Atmen des Waldes

An solchen windstillen Abenden können wir besonders in Mittelgebirgsrevieren ein bemerkenswertes Naturschauspiel erleben, das der meteorologisch interessierte Jäger F. Schmidtmann als das „Atmen des Waldes“ benannt hat. An Abenden nach heißen Sommertagen kann sich bei einsetzender Abkühlung von jedem Baum und Strauch eine schmale, hohe Nebelsäule bilden. Langsam aufsteigend, fast unbeweglich drehen sich diese Säulen in lang gewundenen Spiralen um sich selbst, um schließlich in dünnen Schlieren zu enden. Bei solch aufsteigender Wärme (Thermik), die einige unserer Greifvögel gern für ihre lang anhaltenden Segelflüge nutzen, wird natürlich kein schlechter Wind den auf dem Hochsitz wartenden Jäger verraten. Diese Nebelschläuche erklären sich dadurch, dass die Waldbäume und großen Sträucher an warmen Sommerabenden große Mengen an Wasser ausscheiden, die verdunsten und so die beschriebenen Kondenswassersäulen entstehen lassen.

Als eine besondere Situation empfinde ich eine auffällige, völlig leblose Stille im Revier, die auch für den hartgesottensten Jäger sehr bedrückend sein kann. Jeder erfahrene Jäger wird dies bestätigen können. Es gibt Zeiten, da singt und fliegt kein Vogel, kein Stück Wild ist auf den Läufen, kein Windhauch geht und kein Laut unterbricht diese geheimnisvolle Stille. Ich werde nie vergessen, wie ich an einem schönen Tag im Frühherbst einen alten Jagdfreund mit zur Jagd nahm und ihm in der weiten Heidelandschaft einen Hochsitz in einer einzeln stehenden, tief beasteten Kiefer zugewiesen hatte. Nach dem Ansitz sagte er mir, dass er dort eine Stille wie nie zuvor in seinem Leben erlebt hatte und vorübergehend der festen Überzeugung war, sein Gehör verloren zu haben. Solche anhaltende Stille ohne jeden tierischen Laut und ohne jede Bewegung geht sicher auch auf eine bestimmte, recht seltene Wetterlage zurück. Auch vor dem Orkan, der im Juli 2002 mit Windgeschwindigkeiten bis zu 152 Stundenkilometern über die Berliner Insel Schwanenwerder hinweg raste, herrschte eine Totenstille über dem Land, bei der „kein Vogel mehr zwitscherte“.

Für eine erfolgreiche Pirsch sind besonders relativ windstille, sonnige Tage insofern problematisch, da bei dieser Witterung der Wind gern „flattert“ oder „spielt“, also von einer in die andere Richtung wechseln kann. Ein alter, erfahrener Jäger hat seine jahrzehntelangen Erfahrungen mit dem Wind in folgendem Satz zusammengefasst: Ein schlechter Wind ist immer noch besser als gar kein Wind, denn bei letzterem kann ein plötzlicher Windhauch die

Abb. 46 *Küselnder, also aus wechselnden Richtungen kommender Wind kann das Wild leicht in Panik versetzen.*

menschliche Witterung in die verschiedensten Richtungen tragen und so eine Pirsch recht aussichtslos machen.

Im Gebirge hat man es noch relativ einfach, denn in der Regel zieht tagsüber mit zunehmender Erwärmung der Wind bergwärts nach oben, um dann am Abend bei zunehmender Abkühlung bis in die frühen Morgenstunden wieder ins Tal zu wehen. Im Flachland kann der Wind, pirscht man im Wald, auf Kahlschlägen, Bestandeslücken und -rändern gerade an Tagen mit geringer oder mäßiger Luftbewegung erheblich küseln, sich also im Kreise drehen. Diese Luftbewegung wird auch als Kesselwind bezeichnet. Auf Freiflächen können bereits kleine Geländeeinschnitte oder leichte Erhebungen zu Kapriolen des Luftstromes führen. Besonders interessant sind die so genannten Überfallwinde. Sie entstehen, wenn ein kräftiger Wind aus einer bestimmten Richtung über einen hohen Baumbestand weht und die Luft am Ende des Bestandes sozusagen abkippt und dann im unteren Bestandesbereich entgegen der Hauptwindrichtung wehen kann.

Zieht Schalenwild immer gegen den Wind?

Dass das Schalenwild ausschließlich und immer gegen den Wind seinen Einstand verlässt und zur Äsung zieht, ist ein weit verbreiteter Irrglaube. Würde diese Annahme zutreffen, hätten wir weit weniger Jagderfolg. Häufig kommt das Wild mit „halbem Wind“, den man auch als Seiten- oder Schneidwind bezeichnet. Gelegentlich zieht das Wild auch mit dem Wind, insbesondere dann, wenn der Hunger das Sicherheitsbedürfnis übersteigt. Auch auf sehr großen Freiflächen verlässt sich Rot- und Damwild gern auf sein gutes Sehvermögen und zieht mit dem Wind auf diese Flächen. Das Wild jedoch, das gegen den Wind und damit gegen die Witterung des Jägers auf den Hochsitz zu zieht, bekommt dieser in aller Regel nicht zu Gesicht, denn es hat schon bevor es sein Gesichtsfeld betritt, Wind bekommen und sich klammheimlich verdrückt.

Abb. 47 *Nur bei selten genutzten Ansitzeinrichtungen wird das Rotwild so vertraut unter einem Hochsitz äsen.*

Je häufiger eine Ansitzeinrichtung benutzt und je öfter von dieser aus Wild erlegt wird, umso mehr werden sich erfahrenen Stücke vor dem Austreten Klarheit darüber zu verschaffen suchen, ob „die Luft rein ist“. Wie nachhaltig sich stark frequentierte Hochsitze in das Gedächtnis der Wildtiere einprägen, soll an einem Beispiel erläutert werden: Zu nächtlicher Stunde hatte ich mir in einer Vollmondnacht mit leichter Schneedecke eine Freifläche als Ziel auserkoren, auf der die Sauen tags zuvor tüchtig gebrochen hatten. In der nordöstlichen Ecke der rundum von Wald umgebenen Gras-/Kleefläche stand eine offene, aber mit einem Dach versehene Kanzel, von der aus schon manches Stück Wild erlegt worden war. Gern hätte ich diesen Sitz bezogen, doch da der kalte Wind direkt aus Nordost wehte, gab ich dieses Vorhaben auf und pirschte von Westen her an der Rand der Fläche. Hinter einem glatten Erlenstamm konnte ich mich schließlich einrichten und das Geschehen auf der Fläche beobachten. Ein kleineres Rudel Rotwild äste unmittelbar vor der gegenüberliegenden Kanzel und über die Fläche verteilt standen einige Sauen im Gebräch.

Ein geringer Überläufer stand breit, und sank im Schuss hochblatt getroffen in den Schnee. Doch dann geschah etwas, was mich in großes Erstaunen versetzte. Ich hatte damit gerechnet, dass das ganze Wild auf den Schuss hin von mir fort und gegen den Wind in Richtung der Kanzel flüchten würde, doch es tat genau das Gegenteil. Es flüchtete von der Kanzel weg mit dem Wind direkt auf mich zu. Plötzlich war ich von mehreren Stücken Rot- und Schwarzwild umringt, die jetzt verhofften, und alle in Richtung des bekannten Hochsitzes sicherten, von dem üblicherweise alles Unheil kam.

Je älter und erfahrener ein Stück Schalenwild – mit Ausnahme des Muffelwildes – wird, umso mehr verlässt es sich auf seinen Windfang. So umkreisen alte Bachen unter ständigem Blasen und Warnen in der Regel sehr lange und gedeckt die ihnen bekannten Ansitzeinrichtungen in der Nähe von Kirrungen, ehe sie nach langem Zögern dann doch die Futterstelle annehmen oder eben das Weite suchen. Daher ist es ratsam, die Kirrstellen immer wieder zu wechseln. Denn an von den Sauen angenommenen Plätzen, an denen es noch nicht geknallt hat, kommt man am sichersten zu Schuss. Doch auch hier kann es zu Enttäuschungen kommen. So hatte

***Abb. 48** Der Windfang steht bei der Feindvermeidung im Vordergrund. Sehr gut sind die aufgeblähten Nasenlöcher bei dieser sichernden Bache zu erkennen.*

ich einmal versucht, einen älteren Keiler mit Hilfe einer neu angelegten Kirrung zu überlisten, was zunächst jedoch gründlich daneben ging. Der Laubholzbestand, in dem der Keiler steckte, stand in Verjüngung, sodass ich nur auf einer von Jungwuchs umgebenen Bestandeslücke die Kirrung anlegen konnte. Alte Keiler sind bekanntlich sehr standorttreu und so dauerte es auch nicht lange, bis der Alte die Maiskörner gefunden und angenommen hatte.

In einer mondhellen Dezembernacht war es dann endlich so weit. Unweit der Kirrung hatte ich tags zuvor einen Ansitzbock aufgestellt, der Wind passte, das Unternehmen „Urian“ konnte beginnen. Gegen 20 Uhr hatte ich Position bezogen. Zwei Stunden später hörte ich ein kurzes Knacken hinter mir – der Keiler war im Anmarsch. Plötzlich hörte ich ein lautes Blasen, ein kräftiges Poltern im Gebüsch und fort war er. Ich versuchte es einige Tage später noch einmal, doch es geschah das Gleiche wie am ersten Tag: Heranziehendes Wild, deutlich hörbares Einsaugen der Luft und eine laut brechende Flucht. Ich habe ihn aber doch überlistet. Nachdem ich mir einen kleinen Pirschpfad zu dem Hocker angelegt hatte, suchte ich in einer Mondnacht um Mitternacht die bewusste Kirrung auf, traf dort auf den allein nach vergrabenen Maiskörnern suchenden starken Keiler und konnte ihm die Kugel antragen.

„Wenn der Wind jagt, soll der Jäger nicht jagen“, lautet ein bekannter Jägerspruch. Ich vermute hinter dieser Weisheit die Erkenntnis, dass es bei starkem Wind und Sturm kaum Sinn macht, auf die Jagd zu gehen, weil das Wild in den Einständen und damit für den Jäger unsichtbar bleibt. Nach meiner Erfahrung kann man das jedoch nicht verallgemeinern, denn ohne Zweifel ist auch an stürmischen Tagen Wild anzutreffen. Im Gegenteil – man kommt, da der Wind konstant aus einer Richtung weht und viele Geräusche des Jägers durch den starken Wind übertönt werden, relativ leicht an das Wild heran. Dennoch ist der alte Spruch zutreffend. Denn wenn der Sturm in den Baumwipfeln heult, ist es für den Jäger ungemütlich, zum Teil durch herabbrechende Äste auch gefährlich und irgendwie macht die ganze Jagd keine Freude. Bei den orkanartigen Stürmen der zurückliegenden Jahre konnten wir immer wieder beobachten, dass besonders das Rotwild während der Stürme den Wald verließ und auf Ödland-, Feld- und Heideflächen Zuflucht suchte. So konnte es gegen den Sturm schon auf sehr weite Entfernung potenzielle Feinde mit dem Windfang ausmachen, zur anderen Seite hin ausreichend weit äugen und es bestand nicht die Gefahr, von umstürzenden Bäumen oder herabfallenden Ästen getroffen zu werden.

Abb. 49
Das Schwarzwild kehrt nach Störungen schon nach kurzer Zeit in seine vetrauten Streifgebiete zurück – die zuvor offenbar nur unter hohem Druck verlassen werden.

Fegt der Wind die Einstände leer?

Die bereits erwähnte Ansicht, dass das Schalenwild ausschließlich gegen den Wind zieht, hat zu der irrigen Auffassung geführt, dass bei anhaltendem Wind aus einer Richtung in großen Waldrevieren bestimmte Revierteile gänzlich frei von Wild werden und es in den anderen, der Windrichtung zugewandten Gebieten, zu Wildmassierungen kommt. In jahrzehntelanger Jagdpraxis in einem vergleichsweise riesigen Bundesforstamt habe ich ein solches Verhalten nicht erlebt. Das Wild verlässt auch bei lang anhaltendem Wind aus einer Richtung sein vertrautes Wohn- beziehungsweise Streifgebiet nicht. In seinem bekannten Einstandsgebiet hat es immer die Chance, sich in guter Deckung gefahrlos auch mit dem Wind bewegen zu können, sodass es sich in kritischen Situationen wieder gegen die Hauptwindrichtung stellen kann.

Dass die vorherrschende Windrichtung – bei uns ist es sicher die Weströmung – bei der Lebensraumnutzung trotzdem eine gewisse Rolle spielen kann, haben Neumann (1975) und Briedermann (1990) für das Muffelwild nachgewiesen. Danach lagen die Ost-West-Ausdehnungen der Streifgebiete erheblich über denen der Nord-Süd-Ausdehnungen. Bei einem markierten Widder konnte eine Ost-West-Ausdehung seines Lebensraumes von 6.400 Metern und eine Nord-Süd-Ausdehnung von nur 3.600 Metern bestätigt werden, was die genannten Autoren auf den Einfluss des Windes zurückführen.

Die Erfahrung zeigt, dass sowohl Sauen als auch Dam- und Rotwild nach einer einmaligen Störung durch eine Gemeinschaftsjagd trotz des Einsatzes von Treibern und Hunden ihren angestammten und vertrauten Lebensraum nur für kurze Zeit verlassen. Häufig suchen sie schon in der folgenden Nacht oder am nächsten Tag wieder ihren alten Einstand auf. Versuche des Hannoverschen Institutes für Wildtierforschung mit sendermarkierten Wildschweinen in Niedersachsen haben das bestätigt (Sodeikat 2000) und mancher Revierinhaber würde sich wundern, wieviel Wild er antreffen würde, wenn er eine weniger erfolgreiche Beunruhigungsjagd am nächsten Tag an gleicher Stelle wiederholen

Abb. 50
Solche Drückjagdböcke lassen sich den Windverhältnissen entsprechend leicht umsetzen.

würde. Für den Erfolg einer weiträumig abgestellten Ansitzdrückjagd ist fast unbedeutend, ob vor der Jagd über mehrere Tage hinweg ein steter Wind geweht hat, denn eintausend Hektar Jagdfläche oder mehr kann auch der kräftigste Wind nicht leer fegen. Viel wichtiger ist es, diejenigen Einstände zu beunruhigen, in denen das Wild nach tagelangem Wind aus einer Richtung zu stecken pflegt.

Kleinflächig betrachtet, werden bei bestimmten Geländeausformungen Sturm und Regen immer Auswirkungen auf die Einstandswahl des Wildes haben, insbesondere im Gebirge, wo das Wild leicht über den Grat von einem Hang zum anderen wechseln kann. Unter starkem Wind stehende Hänge und Bergkuppen zum Beispiel werden von keiner Wildart gern zur Äsung aufgesucht.

Für den Jagdtag selbst und die Wahl der zu besetzenden Stände ist es jedoch von entscheidender Bedeutung, woher der Wind weht. Denn Rot-, Dam- und auch Schwarzwild wird sich zum überwiegenden Teil beim Verlassen des Einstandes zunächst gegen den Wind bewegen. Damit sind bei westlichen Winden die Westflanken der weiträumig abgestellten Treiben für die Schützen aussichtsreicher, obwohl der Wind die Witterung der Schützen sozusagen ins Treiben weht. An der Ostflanke tut sich dann relativ wenig, doch gibt es immer wieder auch Leittiere und -bachen, die ihre Rudel beziehungsweise Rotten auch mit dem Wind oder mit halbem Wind aus dem Treiben führen – insbesondere dann, wenn auf der Westseite schon mehrere Schüsse gefallen sind. Andererseits ist es immer wieder interessant zu beobachten, wie das angerührte Wild eine einmal eingeschlagene Richtung beibehält, auch wenn es längst Wind von den angestellten Jägern hat. „Augen zu und durch" ist dann offensichtlich die Devise der Leittiere. Hält man an einem Tag mehr als ein Treiben ab, sollte der Jagdleiter die einzelnen Schützengruppen abwechselnd auf der dem Wind zugewandten und der entgegengesetzten Seite anstellen. Damit ist die Chancengleichheit innerhalb der Jagdgesellschaft gewährleistet, und die spürt man als Gast oder Mitjäger doch gern.

Windprüfer – feuchte Finger, Pfeifenrauch und Pilzsporen

Das Prüfen des Windes muss jeder jagdlichen Unternehmung auf Schalenwild vorausgehen. Am einfachsten dabei haben es die Raucher, die den Qualm der Zigarette, Zigarre oder Pfeife in die Luft blasen und so die Richtung des Windes bestimmen können. Oft ist dann das „Windprüfenmüssen" eine gern benutzte Entschuldigung für das sich regelmäßig wiederholende Anstecken eines Glimmstengels, das schon manches Stück Wild vergrämt hat. Am gebräuchlichsten ist es sicher, einen Finger im Mund anzufeuchten und in die Höhe zu halten. Auf der dem Wind zugewandten Seite spürt der Jäger die einsetzende Verdunstungskälte und kann so die Windrichtung bestimmen. Andere binden eine Feder an einen Zwirnsfaden, verwahren sie in einer

Abb. 51 *Ein Windprüfer Marke Eigenbau: Mit einer birnenförmigen „Ballpumpe" lassen sich die Sporen der Boviste zum Prüfen des Windes leicht in die Luft sprühen.*

Blechdose und lassen sie im Revier zu gegebener Zeit an dem Faden frei schwingen. Man kann auch ein Röhrchen mit Seifenlauge und eine Drahtschlinge mit auf die Pirsch nehmen und zum Prüfen der Windrichtung Seifenblasen in den Himmel steigen lassen.

Wem das zu zu viel Chemie im Walde ist, der kann ab Juli/August bis in den November hinein einen der in unseren Wäldern sehr häufigen Pilze aus der Familie der Stäublinge oder Boviste als probates Hilfsmittel nutzen. Deren Sporen trocknen in den meist runden Fruchtkörpern zu einem dunkelbraunen, staubfeinen Pulver aus. Tritt man auf einen solchen Pilz, entlädt sich meist explosionsartig eine eindrucksvolle Staubwolke, die uns die Windrichtung verrät. Vielleicht wird sich der eine oder andere Leser noch daran erinnern, dass er als Kind gern dieses Spiel zum Leidwesen der besorgten Mutter betrieben hat. Der naturverbundene Jäger wird also diese Pilze sammeln, trocknen und das Pulver in einer kleinen, in jeder Drogerie erhältlichen birnenförmigen Ballpumpe aufbewahren. Dieser verlässliche Windprüfer kann das ganze Jahr über genutzt werden.

Abschließend möchte ich noch darauf hinweisen, dass eigentlich auf das Dach eines jeden Jäger- und Forsthauses eine Wetterfahne gehört. Dabei ist es ganz gleich, ob sie die Form eines Pfeiles, eines Hahnes oder gar eines röhrenden Hirsches hat. So kann der Jäger schon vor Antritt seines jagdlichen Vorhabens sich über die Windrichtung informieren. Wie heißt es doch im Volksmund so treffend: „Wenn der Wind sich dreht, dreh'n sich alle Wetterfahnen!“

Bequemer und vor allem in der Dunkelheit zweckmäßiger ist es, wenn die auf dem Dach befindliche, sich um eine feste Achse drehende Wetterfahne so mit elektrischen Kontakten versehen wird, dass über ein Kabel die entsprechenden Impulse in die Wohnung geleitet werden. Dort können dann Glühbirnen (die Voltzahl kann durch einen entsprechenden Transformator reduziert werden) so angebracht werden, dass immer nur diejenige Lampe aufleuchtet, die die aktuelle Windrichtung anzeigt. Mit Hilfe eines geschickten Handwerkers lässt sich solch eine leuchtende Windrose relativ einfach und preiswert erstellen. Sie ist nicht nur sinnvoll, sondern beeindruckt auch Freunde und Jagdgäste.

***Abb. 52** Die Wetterfahne – ein unverzichtbares Requisit auf jedem Jägerhaus.*

3. Niederwild bei Wind und Wetter

Andreas David

Im folgenden Kapitel soll der Frage nachgegangen werden, wie sich unsere klassischen Niederwildarten bei unterschiedlichen Wetterlagen verhalten, und welche Auswirkungen dieses Verhalten auf Jagd und Jäger nimmt. Wie beim Schalenwild sind wissenschaftliche Erkenntnisse zu diesem Thema rar. Es ist kaum möglich, auf diesem Gebiet zu methodisch standardisierten Ansätzen zu kommen. „Die Jagd ist alle Tage neu“ und stets hält sie für uns Überraschungen und nicht kalkulierbare Abläufe bereit. Doch gibt es bestimmte Erfahrungswerte aus der Jagdpraxis, auf die im Großen und Ganzen Verlass ist.

Zur Sache: Im Gegensatz zum Schalenwild verlässt sich das Niederwild (außer Reh- und Raubwild!) bei der Feindvermeidung und der allgemeinen Wahrnehmung seiner Umwelt weit weniger oder gar nicht auf sein Riechvermögen. Hase und Kaninchen, Ente, Fasan, Rebhuhn, Taube und Schnepfe setzen in erster Linie auf das Leistungsvermögen ihrer Augen und die optische Wahrnehmung – aus gutem Grund.

Das Riechvermögen sämtlicher Federwildarten – wie das der Vögel allgemein – ist im Vergleich zu jenem des Schalen- und Raubwildes vergleichsweise unterentwickelt (s. S. 36) und auch beim Hasen und Kaninchen wird die an sich gute olfaktorische Wahrnehmung von ihrer „Optik“ weit übertroffen. Bei sämtlichen genannten Arten kommt entscheidend hinzu, dass sie zunächst versuchen, unentdeckt zu bleiben und häufig erst bei unmittelbarer Gefahr fliehen – ein wesentlicher Unterschied zu den zuvor behandelten Schalenwildarten, die einen „errochenen“ potenziellen Feind möglichst weiträumig umgehen. Die Ausnahme bildet das Rehwild, denn auch Rehe können sich bei Gefahr selbst unter Wind zunächst drücken und flüchten mitunter erst bei direkter Feindberührung.

Der Fuchs – unberechenbar und wetterhart

Das jagdlich relevante Verhalten des Fuchses bei unterschiedlichen Wetterbedingungen ist häufig nicht weniger kapriziös als das Wetter selbst. Stets erneut demonstriert uns Reineke seine Unberechenbarkeit. Wie oft schon hatten wir alles generalstabsmäßig geplant, auf alles geachtet, sämtliche Erfahrungen einkalkuliert, selbstverständlich die bekannten Fuchspässe besetzt und trotzdem fanden die Rotröcke ihre Lücke im scheinbar „todsicher“ abgestellten Treiben und entkamen jenseits jeder vertretbaren Schrotschussentfernung. Der Fuchs ist fraglos neben dem Rehwild die Niederwildart, die sich bei drohender Gefahr durch den Menschen sehr intensiv auch seines fein ausgeprägten Geruchssinnes bedient.

Treiben, die allein dem Fuchs gelten, sollten deshalb ausnahmsweise „mit dem Wind“ erfolgen. Reineke wird mit der Witterung des Menschen und der eingesetzten Hunde in der Nase im Zweifel sehr früh und vergleichsweise vertraut das Treiben nach vorn oder seitlich verlassen wollen und den abgestellten Schützen – sofern sie sich absolut ruhig verhalten (!) – vor die Flinte kommen. Falls er sich nicht drückt, überlaufen lässt und dann den häufig nicht sicher genug abgestellten Rückwechsel nutzt, um zu entkommen. Ähnlich wird er auf in vergleichsweise weiter Entfernung wahrgenommene Geräusche reagieren. Trotzdem sollten Fuchstreiben möglichst ruhig erfolgen. Dass bei der Pirsch auf einen im Feld mäuselnden Fuchs, bei der Lockjagd auf Reineke vom Ansitz aus oder bei der Anlage eines Luderplatzes auf den Wind geachtet werden muss, versteht sich von selbst.

„Sauwetter ist Bauwetter“ lautet eine fraglos zutreffende Jägerweisheit, die sich der Baujäger zu Nutze macht. Dies umso mehr, als dass der Fuchs

Abb. 53
Zur Ranz und in sehr deckungsarmen Feldrevieren steckt Reineke mitunter auch bei Trockenheit und Sonne im Bau. Er springt – jetzt ist Ruhe und Treffsicherheit gefragt.

außerhalb der Wölfperiode und der Ranz ganz überwiegend oberirdisch lebt. Durch seine hohe Anpassungsfähigkeit tut er das mittlerweile auch in vom Menschen stark belaufenen, siedlungsnahen Bereichen, sofern er entsprechende Deckung findet. Die zunehmende Zahl der so genannten Stadtfüchse zeigt, dass es darüber hinaus zweifelsohne eine Frage des Jagddrucks ist, wie die Rotröcke mit der Anwesenheit des Menschen umgehen. Überhaupt gilt der Fuchs gemeinhin als grabfaul. Ein Indiz dafür ist die Tatsache, dass viele Dachsbaue gleichzeitig auch von Füchsen genutzt werden und bei Bedarf Kunstbaue, Drainagen, trockene Grabendurchlässe u. Ä. gern angenommen werden. Sturm und Niederschläge aber lassen ihn mehr oder minder regelmäßig den Schutz des Baues suchen – in weitgehend freier Feldflur eher als im Wald.

Eine Neue erleichtert es uns dabei wesentlich, festzustellen, ob der Fuchs oder mehrere Füchse im Bau stecken. Ebenso wird Reineke nach ein oder zwei Tagen schlechtem Wetter umso sicherer außerhalb des Baues anzutreffen sein. Die oben geschilderten Treiben erscheinen dann mehr als sonst erfolgversprechend. Ergänzend sei erwähnt, dass wir zum Beispiel in meinem Heimatrevier Querum, im Nordosten Braunschweigs, auch bei richtigem „Sauwetter" mit Dauerregen schon erstaunlich viele Füchse mit völlig durchnässtem Balg im Treiben erlegt haben. Ob die oft geäußerte Meinung, dass nasse Füchse den Bau nicht annehmen, dazu beigetragen hat, sei dahingestellt. Labhardt (1990), der das Raum-Zeitverhalten Reinekes per Telemetrie aufzeichnete, schreibt zum Thema Wetter: „Füchse sind bei jedem Wetter unterwegs. Selbst heftige Regenfälle mit stürmischem Wind hindern sie nicht daran, auf offenem Feld zu ruhen oder nach Fraß zu suchen. Ein telemetrisch kontrollierter Rüde blieb jedoch während eines Eisregens die ganze Nacht im Bau. Ebenso ein anderer Rüde beim ersten starken Schneefall. In dieser Nacht verblieben auch alle Füchse in einem Freigehege in ihrem Bau."

Eine fast vergessene Jagdart auf den Fuchs ist die nächtliche oder frühmorgendliche Pirsch im

Schneehemd. Wenn uns das Klima den dafür notwendigen Schnee beschert, ist dabei die Sicht selbst bei Neumond noch ausreichend. Dabei ist – wieder einmal – die stille Pirsch gefragt. Längere, wartende Pausen, zum Beispiel an der Waldkante, steigern den Erfolg. Allerdings sollte dieses Untenehmen nur bei Neu- oder Pulverschnee in Angriff genommen werden. Die bei pappigen Altschneedecken oder gar verharschten Schneelagen weithin hörbaren Schritte des Jägers werden Reineke frühzeitig das Weite suchen lassen.

In der wettermäßig vielleicht schönsten Zeit des Jahres mit den ersten konstant warmen Tagen zu Ende April und Anfang Mai beschäftigen sich die Gedanken und Vorbereitungen der allermeisten Jäger mit großer Freude sicher mit der Bockjagd. Der Aufgang der Bockjagd ist fraglos auch zu Recht ein Fixpunkt in unseren Jagdkalendern. Endlich geht es wieder los! Doch sollten wir darüber hinaus die Jungfüchse nicht vergessen. Denn ohne eine möglichst weitgehende Reduzierung der Jungfüchse am Bau wird es uns nicht gelingen, die Fuchspopulation unseres Landes aus Sicht des Niederwildes und vieler weiterer Bodenbrüter in dem erforderlichen Maß abzusenken. Die Hauptwurfzeit des Fuchses liegt in Mitteleuropa in der ersten Aprilhälfte. Nach etwa drei Wochen erscheinen die Jungfüchse dann erstmals auf dem Bau und können fortan mit Falle und Flinte dezimiert werden. Dabei können die Jungfüchse häufig auch in der Mittagssonne auf dem Bau angetroffen werden. Voraussetzung für eine erfolgreiche Bejagung ist die Kartierung möglichst aller Fuchsbaue im Revier im Januar und Februar mit einer fortlaufenden Aktualisierung und Kontrolle.

Grundsätzlich ist bei der Bejagung der Jungfüchse am Bau zu berücksichtigen, dass der Wölfzeitraum sich im Extrem über 78 Tage hinziehen kann. Eine Untersuchung von Goretzki und Paustian (1982) in der Oderniederung zeigte, dass einige Gehecke bereits am 15. Februar, andere wiederum

Abb. 54 *Die stille Pirsch im Schneehemd kann bei einer entsprechenden Revierstruktur die Fuchsstrecke erheblich steigern. Leider gehört sie zu den „schon fast vergessenen" Jagdarten.*

erst Anfang Mai gewölft wurden. Die Flinte sollte im Frühjahr also nicht zu früh eingeölt und die Jungfuchsfallen nicht verfrüht in der Garage oder im Schuppen verstaut werden.

Das Projekt zeigte ebenfalls, dass sich die Ranz bei dauerhaft hohen Schneelagen in die Länge zieht – ein jagdpraktisch wichtiger Hinweis für eine effektive Bejagung in der Ranz. In dem schneereichen Winter 1979 lag der Höhepunkt der Ranz um den 15. Februar herum, während in „normalen“ Jahren der Höhepunkt ziemlich exakt auf den Monatswechsel Januar/Februar terminiert werden konnte. Füchse sind bei hohen Schneelagen nachgewiesenermaßen weniger aktiv, sodass die Ranz mit hoher Wahrscheinlichkeit dadurch ins Stocken kommt (Ables 1969).

Weiterhin ist in Feldrevieren zu berücksichtigen, dass die Baue in deckungsarmen und einer intensiven Landwirtschaft unterliegenden Gebieten eine über die Welpenaufzucht und Ranz hinausgehende ganzjährige Bedeutung als Deckungsmöglichkeit erlangen.

Zur Jagd auf den Fuchs ließe sich noch vieles mehr sagen, doch würde das schon weit über die Zusammenhänge zwischen Wetter, Wildverhalten und Jagd hinausgehen.

Die Hasen liegen heute aber fest …

„Bei diesem Wetter liegen die Hasen so fest, da muss man schon fast drauftreten.“ Jeder Niederwildjäger kennt diese sprichwörtliche Binsenweisheit. Erstaunlicherweise aber habe ich diese Aussage schon bei jedweder Treibjagd-Wetterlage gehört. Dabei entspricht es dem typischen Fluchtverhalten Lampes, zunächst auf seine Tarnung in der Sasse zu vertrauen – obwohl er den Feind in Form des Jägers oder seiner Hunde längst eräugt, gehört oder durch Bodenvibration wahrgenommen hat – um erst dann, wenn es unausweichlich wird, auf seine Schnelligkeit zu setzen. Dies trifft allerdings nur auf in der Sasse ruhende Hasen zu. Aktive Hasen, zum Beispiel bei der Äsungsaufnahme, sondieren zunächst, vielleicht im Kegel, kurzfristig die Lage, um dann „einzupacken“.

Das zuvor Gesagte soll allerdings nicht in Frage stellen, dass der Hase bei trockenem Barfrost in der Regel lockerer sitzt als bei anderen Wetterlagen. Denn das wird jeder erfahrene Hasenjäger schon oft erlebt haben. Doch bestätigen Ausnahmen bekanntlich die Regel. Bei Nässe und Schneefall werden gedeckte Sassen bevorzugt. Diese können in Altgrastreifen, Heckensäumen, in noch stehender Stoppel oder anderen Strukturen bezogen werden. Liegen Waldstücke oder Feldgehölze in erreichbarer Entfernung, werden diese von Lampe bevorzugt angenommen. Scheint die Sonne, werden wir die Krummen ganz überwiegend im Freien, auf der Scholle, im Wintergetreide oder im Grünland auf die Läufe bringen. Generell werden warme Böden bevorzugt.

Was dem Hasen nicht behagt, ist starker, kalter Wind. Dann nutzt er jede Deckung, die sich bietet oder zieht in den Wald. Ich erinnere mich in diesem Zusammenhang an eine Hasenjagd bei einem Freund in Mecklenburg-Vorpommern zu Anfang der 90er Jahre. Es war ein früher Dezembertag mit eisigem Ostwind. Am Abend lagen in dem an sich gut besetzten Revier damals zwei Hasen auf der Strecke. Die getriebenen Schläge grenzten jeweils direkt an verschiedene Waldbestände an, die allerdings jenseits der Jagdgrenze liegen. Und das ganze Hasenvolk hatte es vorgezogen, den Wald beziehungsweise dessen Randbereiche als Schutz vor dem eisigen Wind aufzusuchen. Dort, wo sich entsprechende Geländeerhebungen wie Dünen, Hügel etc. befinden, wird der Hase am Lee-Hang sitzen.

Liegt Schnee auf den Bäumen, werden Tauwetter sowie das Ende von Regenperioden Mümmelmann dazu bewegen, den Wald – dort wo vorhanden – zu verlassen. Wie beim Schalenwild und Fuchs treiben ihn die schweren Tropfen, die von den Bäumen herabfallen ins Freie. Besteht die Wahl zwischen Wald-

oder Feldtreiben, sollte am Tag der Jagd oder dem Wetterbericht entsprechend vorher, dieser Sachverhalt unbedingt ins Kalkül gezogen werden. Die schon von Diezel (1849) und später von anderen Autoren geäußerte Erfahrung, dass der Hase mit Vorliebe gegen den Wind flüchtet, kann ich aus eigener Praxis nicht bestätigen.

Ein weiterer indirekter Wetterfaktor sollte bei der Terminierung der Hasenjagd grundsätzlich bedacht werden. Denn speziell der Hase und das Wildkaninchen können von vielen verschiedenen Krankheiten befallen werden, die je nach äußeren Umständen – besonders auch hinsichtlich des Wetters – ihre Besätze in erheblichem Maße zehnten können. Welcher erfahrene und gut beobachtende Jäger kennt nicht das alljährlich auftretende Phänomen, dass noch im August und September eigentlich „gut Hasen“ da sind, die spätherbstliche oder winterliche Treibjagdstrecke aber dann doch hinter den Erwartungen zurückbleibt? Von höchster Bedeutung ist hier nach wie die Kokzidiose, allen voran die Dünndarmkokzidiose der Junghasen. Denn es sind überwiegend Junghasen, die nach wie vor in mehr oder minder großer Zahl im Spätherbst an der Dünndarmkokzidiose eingehen. Bereits am Winteranfang aber wird die Kokzidiose weitestgehend bedeutungslos. Durch einen entsprechend frühen Jagdtermin von Oktober bis Mitte November könnte zumindest ein Teil dieser Junghasen noch erlegt werden.

Frühe Jagd bringt gute Strecke

Kokzidien sind einzellige, wirtsspezifische Parasiten, die in (mindestens) acht verschiedenen Arten (Eimeria spec.) beim Feldhasen auftreten können. Für ihre Entwicklung, auf die an dieser Stelle nicht

Abb. 55 *Im Regelfall wird der Hase – weitgehend wetterunabhängig – erst bei hohem Druck die Flucht ergreifen, um seinen Feinden zu entgehen.*

detailliert eingegangen werden soll, benötigen sie außerhalb des Körpers als so genannte Oozysten zwei entscheidende Faktoren – Feuchtigkeit und Wärme –, um sich zu infektionstüchtigen Einzelparasiten entwickeln zu können. Durch ihre zunächst ungeschlechtliche Fortpflanzung ist die Vermehrungsrate der Kokzidien und damit ihre mögliche Bedeutung für den Hasenbesatz sehr hoch. Die Infektion erfolgt über die direkte Aufnahme. Die schmarotzenden Parasiten zerstören die Darmschleimhaut. Nasse Sommer, gefolgt von einem warmen Herbst sind beste Voraussetzungen für die Seuchenzüge der Kokzidiose. Bei großer Trockenheit im Sommer und Herbst fallen wesentlich weniger Junghasen der Kokzidiose zum Opfer. Es fehlt zunächst der Faktor Feuchtigkeit, später im Winter dann die entsprechende Wärme, was der Grund dafür ist, dass die oft seuchenhafte Wirkung mit zunehmender Kälte verschwindet.

Die Ergebnisse einer Untersuchung aus Walle in der Nähe von Braunschweig bestätigen diese Zusammenhänge. Rath (1986) errechnete dort von 1963 bis 1985 für die Monate September bis Dezember eine Wetterrichtzahl. Er multiplizierte die Temperatur in Grad Celsius mit der Luftfeuchtigkeit (in Prozent), addierte die Niederschläge (mm) hinzu und dividierte das Ergebnis durch 10, um auf eine überschaubare Zahl zu gelangen. Die Wetterdaten wurden von der Bundesforschungsanstalt für Landwirtschaft zur Verfügung gestellt, die nur etwa drei Kilometer vom Untersuchungsgebiet (670 ha) ansässig ist. Die alljährliche Treibjagd wurde jeweils um den 20. Dezember durchgeführt. Es zeigte sich, dass in den Jahren mit niedrigen Wetterrichtzahlen gute Hasenstrecken erzielt wurden und in solchen mit hohen Werten die Strecken deutlich zurückgingen. Die Zahl der erlegten Hasen schwankte dabei zwischen 129 und 32! Als besonders wichtig entpuppte sich dabei die Wetterrichtzahl zu Anfang Dezember. Stieg der Wert in dieser Zeit auf über 50 an, zeigte die Streckenkurve in allen Fällen rapide nach unten.

Es kommt also nicht von ungefähr, dass in Baden-Württemberg, Bayern, Hamburg, Hessen, Mecklenburg-Vorpommern, Nordrhein-Westfalen, Rheinland-Pfalz, Schleswig-Holstein und Thüringen die

Abb. 56
Ein später Treibjagdtermin erhöht die Wahrscheinlichkeit einer vergleichsweise niedrigen Strecke. Dagegen steigt die Wahrscheinlichkeit eines Schneegestöbers.

Jagdzeit bereits am 31. Dezember, in Brandenburg schon am 15. Dezember endet. Bei nicht wirklich hohen Besätzen können spät angesetzte Jagden dann ans Eingemachte gehen und den Stammbesatz treffen. Über die Funktion der Jagd als kompensatorische Mortalität kann man bei einigen Wildarten sicherlich unterschiedlicher Meinung sein. Beim Feldhasen jedoch ist dieser Ansatz im Kontext der geschilderten Zusammenhänge ganz sicher zutreffend.

Sauwetter ist Bauwetter – auch beim Kaninchen

Die Besätze des Wildkaninchens in Deutschland haben in den zurückliegenden Jahren leider einen beispiellosen und dramatischen Rückgang durchleben müssen. Die RHD (Chinaseuche) zehntete die Lapuze in zuvor unbekannter Weise. Viele Vorkommen sind gänzlich erloschen, andere sind bis auf marginale Restbesätze geschrumpft. Doch existieren hier und dort noch immer kopfstarke Kaninchenpopulationen und es bleibt zu hoffen, dass – wie bei anderen akuten Viruskrankheiten – die RHD bedingte Sterblichkeit im Laufe der nächsten Jahre deutlich zurückgehen wird.

Einige Autoren schreiben, dass beim Anstand oder Ansitz auf Kaninchen – zum Beispiel an der Waldkante – die Windrichtung eine große Rolle spielen würde, da sich die Lapuze dort nicht auf ihr gutes Sehvermögen verlassen können und „mit der Nase sehr genau prüfen, ob die Luft rein ist.“ Aus der eigenen jagdlichen Praxis heraus kann ich dies weder bestätigen noch widerlegen, denn instinktiv platziere ich den Sitzstock immer so, dass mir der Wind mit Blick auf das Schussfeld möglichst im Gesicht steht, denn: Fuchs kann immer kommen ...(!) – auch beim Ansitz oder Anstand auf Karnickel. Ich glaube aber auch nicht, dass der Wind entscheidend Einfluss nimmt, denn dann hätten wir im Rahmen zahlreicher Treibjagden sicher nicht die Strecken erzielt, die letztlich am Abend des Jagdtages zu Buche standen. Aus welchem Grund sollten die Kaninchen dort „mit der menschlichen Witterung in der Nase“ dann nicht frühzeitig den Bau annehmen?

Abb. 57
Neuschnee und Regen lässt beim Frettieren gute Strecken erwarten. Bei trockenem, sonnigen Wetter treffen wir die Kaninchen eher außerhalb ihrer Baue an, was wiederum für die Suche oder eine Streife spricht.

Trübe, verhangene und etwas regnerische Tage sowie Sturm, Neu- und Nassschnee sind gute Wetterbedingungen für die Baujagd mit dem Frettchen. Bei diesen Wetterlagen stecken die Kaninchen in viel größerer Zahl im Bau, als an klaren, sonnigen und frostigen Tagen. Das Frettieren bei sehr hohen Schneelagen bringt zwar regelmäßig gute Strecken, doch ist es eine elendige Jagd, die im hohen Schnee mehr vorwärts hüpfenden und sehr langsamen Kaninchen zu beschießen. Trotzdem werden zu Beginn relativ viele Lapuze gefehlt, da einige Jäger zunächst offenbar das übliche Vorhaltemaß ansetzen. Doch trifft der alte Spruch „Vorne zu schnell und hinten zu kurz“ bei hohen Schneelagen nun wirklich nicht mehr zu. Nun mag mir manch einer Scheinheiligkeit unterstellen, doch sollte man – außer in Gegenden, in denen die Kaninchen nach wie vor reduziert werden müssen – bei hohen Schneelagen das Frettchen im Käfig lassen.

Umgekehrt als bei der Baujagd versprechen sonnige und leicht frostige Tage in der Regel gute Kaninchenstrecken bei der Treibjagd oder Suche. Außerhalb des Baus nutzen Kaninchen im Herbst und Winter jede Gelegenheit, um in der Sonne etwas Wärme zu tanken. Doch wie bei den oben beschriebenen Fuchstreiben haben meine Jagdfreunde und ich auch beim Kaninchen schon gegenteilige Erfahrungen gemacht und bei Sauwetter (das ja eigentlich Bauwetter ist …) beachtliche Kaninchenstrecken erzielt. Wie der Hase liegen auch Kaninchen nicht gern im Wind. An den Lee-Hängen von Dünen, Hügeln oder Wällen und Eisenbahndämmen ist also besondere Aufmerksamkeit gefragt.

Vom Wetter einmal abgesehen, halte ich die Bezeichnung Treibjagd beim Kaninchen eigentlich für verfehlt, es sei denn, die grauen Flitzer werden quasi „mitbejagt“. Darüber hinaus lassen sich Kaninchen – anders als zum Beispiel Hase und Fasan – nicht treiben. Dies ist der Grund dafür, dass die Vorstehschützen bei Treiben mit Kaninchenvorkommen nur sehr selten auf die Lapuze zu Schuss kommen. Strecke wird im Treiben gemacht! Denn dort drücken sich die Kaninchen entweder in der Deckung und werden überlaufen, oder sie kommen auf ihrer Flucht in den Bau oder in die nächst erreichbare Deckung zur Strecke.

Die Myxomatose der Wildkaninchen wird zwar auch über die Lidbindhäute und Wunden durch den direkten Kontakt der Tiere übertragen, im Mittelpunkt bei der Verbreitung der Krankheit von einem Kaninchenbesatz zum nächsten oder von Kolonie zu Kolonie aber sind Stechmücken die Hauptüberträger. Was auch erklärt, warum plötzlich nicht geimpfte Hauskaninchen an der Virusinfektion erkranken. Da die Mücken aber nur bei entsprechend hohen Temperaturen im Frühjahr und Sommerhalbjahr fliegen, kommt die Verbreitung der Seuche mit zunehmender Abkühlung im Herbst zum Erliegen.

Taubenjagd – Zickzack im Wind

Die heimischen Federwildarten oder Vögel generell fliegen nicht gern bei starkem Wind, Regen und Schneetreiben oder extremer Kälte. Zur Nahrungsaufnahme und bei Störungen oder Gefahr kann aber auch das unausweichlich sein. Dies ist ein Grund dafür, warum vor allem Ringeltauben auch bei starkem Wind häufig in der Luft zu beobachten sind. Sie wurden zuvor häufig in ihren Rastbäumen durch Spaziergänger oder andere Faktoren gestört und so zum Abstreichen bewegt. Während Fasan und Rebhuhn außer auf der Jagd für uns Menschen bei solchen Wetterlagen in der schützenden Deckung meist verborgen bleiben, stehen die Tauben, die uns „von oben herab“ schon auf weite Entfernungen eräugen, bei Annäherung immer wieder auf.

Wer bei dauerhaft starkem oder böigem Wind schon häufiger versucht hat, auf Ringeltauben zu jagen, weiß, wie schwer es ist, die im Wind teilweise

Abb. 58
Auch die winterliche Taubenjagd kann uns bei entsprechender Vorgehensweise viel Freude und Erfolg bescheren. Allein schon deshalb, weil sich die absolute Zahl der Tauben durch die zahlreichen Zu- und Durchzügler erhöht.

Abb. 59
Die Tauben fallen nicht nur gegen den Wind ein (s. o.), sie sitzen auch anschließend mit dem „Gesicht im Wind“. Besonders ihre Einfallsrichtung muss daher beim Abstellen von Rast- und Schlafbäumen unbedingt berücksichtigt werden.

unberechenbar fliegenden und mitunter pfeilschnellen „Grauen“ zu erlegen. Gute Möglichkeiten bieten sich an den bekannten Rastbäumen – häufig hohe Pappeln, Eichen oder Buchen – in die die Tauben nach einer Kurve mit abfangendem Schwingenschlag stets gegen den Wind einfallen werden. Bei der Auswahl des Ansitzschirmes oder Anstandes unter diesen Bäumen ist für den Jäger der Rückenwind also der beste Wind. Erzwingen es etwaige Deckungsstrukturen, ist der seitliche Wind von links oder rechts die zweite Wahl. Dies muss auch beim Anstellen von vielleicht unerfahrenen Jägern im Rahmen der revierübergreifenden Taubentage berücksichtigt werden. Kurz vor dem Einfallen gegen den Wind stehen die Tauben mit offenen Schwingen fast in der Luft und können auch von ungeübten Schrotschützen relativ leicht erlegt werden.

Auch bei leichtem oder nur zeitweiligem Wind gilt es aber aufzupassen: Wer zum Beispiel mit Locktauben jagt, muss berücksichtigen, dass sich die Tauben – wie alle anderen Vögel – den Wind nicht von hinten „unter das Gefieder“ wehen lassen. Ein Vogelgefieder hat, ähnlich wie der Haarstrich beim Haarwild oder anderen Säugetieren, einen Federstrich, der stets vom Kopf aus von oben nach unten geht. Sehr deutlich wird dies beim Rupfen von Federwild und Hausgeflügel. Dies ist auch der Grund, weshalb Vögel wie Krähen, Stare usw. auf Stromleitungsdrähten oder vergleichbaren Strukturen stets gegen den Wind sitzend beobachtet werden. Gleiches gilt für äsende Gänsescharen. Die Attrappen sollten also mit dem Schnabel im Wind aufgestellt werden, um bei den vorüberstreichenden Tauben (oder Gänsen) kein Misstrauen hervorzurufen. Auch die den mit Locktauben versehenen Schirm anfliegenden Tauben werden gegen den Wind einfallen, weshalb der hinter dem Tarnnetz wartende Jäger ebenfalls Rücken- oder Seitenwind haben sollte. Fallen mehrere Tauben in Trupps oder Schwärmen gleichzeitig ein – was regelmäßig der Fall ist – empfiehlt es sich, erst eine sitzende und mit dem zweiten Schrotlauf anschließend eine der auf den Schuss gegen den Wind abstreichenden Tauben zu beschießen. Wer dies als „nicht weidgerecht“ einstuft, muss es ja nicht praktizieren. Doch sei daran erinnert, dass bei der heute verbotenen Frühjahrsjagd auf den balzenden Tauber dieser ja auch meist „sitzend“ aus dem Baum geschossen wurde. Die sommerliche Bejagung bei Hitze an der Tränke ist heute durch die neue Jagdzeitenregelung ebenfalls nicht mehr möglich.

Unsere wild lebenden Feldhühner fliegen zwar sehr schnell und gut, bewegen sich aber bevorzugt laufend fort. Dies gilt in ganz besonderem Maße für den Fasan, weshalb schon Altmeister Diezel bemerkte, dass er (der Fasan ...!) „lieber läuft, als dass er fliegt.“ Wenn irgend möglich, bleiben sie auch bei Beunruhigung in der schützenden Deckung. Dies erklärt zum Beispiel die in guten Fasanenrevieren relativ häufige Beoabachtung, dass zum Ende mancher Treiben plötzlich viele Fasanen im so genannten Bukett gleichzeitig aufstehen. Bis dahin suchen sie ihr Heil im Lauf oder im Sinne des Wortes im Weglaufen. Dies gilt übrigens auch für den kleinsten heimischen Hühnervogel, die Wachtel. Wer einmal versucht hat, zuvor rufende Wachtelhähne in etwa kniehoch bewachsenen und großen Wiesen hochzumachen, kann das bestätigen – ein fast aussichtsloses Unterfangen.

Pfeilschnelle Fasanen

Doch zunächst zurück zum Fasan. Egal ob Regen, Schneefall oder Sonnenschein, irgendwann muss er aufstehen. Und dann kommt erneut der Wind ins Spiel. Zwar starten auch Fasanen häufig gegen den Wind, um rasch Luft unter die Schwingen zu bekommen, doch würde ich das – anders als bei Tauben oder Enten zum Beispiel – nicht als Regel betrachten. Beim Fasan spielt die jeweilige Situation eine bedeutende Rolle, sodass man fast von einem

Abb. 60 *Mit dem Wind erreichen Fasanen – Hahn wie Henne – erstaunliche Geschwindigkeiten. Doch nicht nur deshalb sollten die Schießfertigkeiten regelmäßig auf dem Schießstand trainiert werden.*

„ungerichteten Abstreichen“ sprechen kann. In meinem Heimatrevier Querum zum Beispiel, ist dies in den strukturell sehr verschiedenen Treiben alljährlich gut zu beobachten. Und auch auf zahlreichen andernorts durchgeführten Jagden konnte ich keine Regelmäßigkeit erkennen.

In besonders großen, mit hoher Deckung (z. B. Rainfarn, Goldrute und Altgras) ausgestatteten Treiben und bei geringem Druck fliegen die Fasanen mitunter mit dem Wind kurz auf und streichen segelnd nach wenigen Schwingenschlägen flach über der Vegetation mit dem Wind etwa 60 bis 100 Meter ab, um dann noch weit vor den Vorstehschützen am Ende des Treibens, wieder einzufallen. Ebenso stehen sie teilweise aber sofort und relativ steil auf und streichen ungeachtet der Windrichtung ab. Seitlich als „Querreiter“, auf die Vorstehschützen oder auf die Durchgehschützen und Treiber zu. Nur bei sehr starkem Wind steht der Fasan zwar fast immer gegen den Wind auf, dreht aber meist schon in geringer Höhe und streicht dann flach und pfeilschnell zum Beispiel über Schilf- und Röhrichtgürteln ab. Derart flach und wirklich wie Pfeile abstreichende Hähne lassen selbst hervorragenden Flintenschützen – allein schon aus Sicherheitsgründen – kaum eine Chance.

Fasanen, die zum Beispiel in brombeerreichen Kiefernbaumhölzern oder unterwuchsreichen jüngeren Pappelbeständen hochgemacht werden, steigen fast senkrecht auf, um überhaupt in den Wind beziehungsweise in freie Luft zu kommen. Diese im Baumbestand senkrecht startenden „Helikopter“ werden übrigens häufiger gefehlt, als man annehmen sollte.

Das beste Wetter für die Fasanenjagd bieten sonnige oder leicht bedeckte Tage mit leichtem Wind. Unter diesen Bedingungen stehen die Hähne erfahrungsgemäß am ehesten und höchsten auf und sind so am besten und am sichersten zu beschießen. Nasse Fasanen fliegen ungern, was auch bei hohen Schneelagen zutrifft.

Grundsätzlich gilt das zum wetterbedingten Verhalten des Fasans vorstehend Gesagte, bis auf einige Nuancen, auch für das Rebhuhn. Außer beim kurzen abendlichen Strich zu den Schlafplätzen oder am Morgen zu den Äsungsplätzen bewegen sich Rebhühner fast ausschließlich gehend beziehungsweise laufend fort. Was uns unter anderem durch die nachziehenden Hunde eindrucksvoll bestätigt wird. Warum sollten sie ohne Not auch aufstehen? Machen sie im Flug doch in auffallender Form auch potenzielle Beutegreifer, allen voran den Habicht, auf sich aufmerksam.

Reine Hühnerjagden finden in Deutschland außer in einzelnen Ausnahmerevieren, die man wohl an einer Hand abzählen kann, nicht mehr statt. Sie wurden ehedem meist schon an den noch warmen Septembertagen durchgeführt. Im Übrigen halten Hühner mit steigender Temperatur umso besser und suchen bei Regen häufig Schutz unter großblättrigen Pflanzen, zum Beispiel Rüben.

Heute werden Hühner – wenn überhaupt – fast nur noch im Rahmen der herbst- oder winterlichen Treibjagden quasi mitbejagt, wobei sinnvollerweise bereits am 16. Dezember die Jagdzeit endet. Hühner nutzen gerade in der kälteren Jahreszeit wo immer möglich den Windschatten. Weiterhin werden sonnige Plätze zum Aufwärmen bevorzugt, sofern diese den Sicherheitsbedürfnissen entsprechen. Ausführungen zu grundsätzlichen winterlichen Anpassungsstrategien der Hühner finden sich in Kapitel 1 auf den Seiten 20 und 21. Ein wetterbedingtes Verhalten soll abschließend noch erwähnt werden. Es fällt in die Zeit der spätwinterlichen Auflösung der Ketten oder Völker, in die so genannte Dispersionsphase. Kommt es kurz darauf erneut zu Schneelagen oder sehr kalter Witterung, finden die Verbände in kürzester Zeit wieder zusammen.

Leider steigt die Zahl der Jäger, die – mangels Masse – noch nie ein Rebhuhn in freier Wildbahn beobachtet haben (von der Jagd ganz zu schweigen).

Abb. 61
Fasanen bilden im Winter regelmäßig Trupps. Meistens sind diese nach Geschlechtern getrennt, was angesichts attraktiver Äsungsplätze aber offenbar in den Hintergrund tritt.

Abb. 62
„Grau in grau" und leichter Schneefall – nicht eben optimale Bedingungen für die Fasanenjagd. Gleiches gilt für die Bejagung anderer Federwildarten.

Doch stirbt die Hoffnung bekanntlich zuletzt und wir sollten nicht müde werden, bei unseren Hegebemühungen auch weiterhin das Rebhuhn in besonderem Maße im Auge zu behalten.

Enten im Westhimmel

Bei der im mitteleuropäischen Raum praktizierten Entenjagd steht ganz überwiegend die Stockente im Fokus. Wird die Stockente zum Beispiel bei der Pirsch an windigen Tagen am Fluss angegangen, wird sie als Schwimmente vom Punkt aus aufstehend, in aller Regel versuchen, gegen den Wind Luft unter die Schwingen zu bekommen und dann nach einem kurzen Schwenk mit dem Wind pfeilschnell abstreichen. Es gilt also schon vorher das entsprechende Hinterland in der Richtung des zu erwartenden „Startfluges" auf die nötige Sicherheit beim Schuss hin zu überprüfen.

Beim abendlichen Entenstrich in der Dämmerung sollte man versuchen, möglichst gegen den helleren Westhimmel zu schießen. Dem können jedoch einerseits die Gegebenheiten vor Ort entgegenstehen. Andererseits der Wind! Bei unserer vorherrschenden Windrichtung West oder Südwest werden die Enten zum Landeanflug regelmäßig aus Ost und Nordost gegen den Wind anstreichen und diesen dann mit offenen Schwingen und bereits „ausgefahrenen" Rudern zum Abbremsen nutzen. Solche Überlegungen sollten vor allem bei der Einrichtung fest installierter Schirme mit einkalkuliert werden. Welche Uferseite? Welche Blick- und Schussrichtung?

Darüber hinaus ist der Wind bei der Entenjagd unwichtig. Der Geruchssinn der Enten spielt offenbar bei der Äsungsaufnahme und -suche eine Rolle, ist für die Feindvermeidung und das Fluchtverhalten aber bedeutungslos.

Am windgeschützten baumumstandenen Teich in freier Landschaft nutzen die Breitschnäbel normalerweise bestimmte Baumlücken als Abflugschneisen. Sind diese bekannt, was bei ortskundigen Jägern

Abb. 63 Enten werden im Zweifel zunächst immer gegen den Wind aufstehen. Häufig drehen sie bei entsprechender Höhe dann kurz und streichen mit dem Wind ab.

wohl stets der Fall ist, kann man dort in leichter Entfernung vom Wasser Stellung beziehen und sich die Enten von einem Mitjäger, einem Gehilfen oder vom Hund zudrücken lassen. Der Schuss auf die noch relativ langsam anfliegenden Enten ist relativ leicht und sichert in den meisten Fällen auch unerfahrenen Flintenschützen den gewünschten Jagderfolg.

Dem Klima in ihren Brutgebieten entsprechend, können sich bereits im Oktober zu den heimischen Enten Zuzügler aus Nord-, Ost- und Nordosteuropa gesellen, deren Zahl im Laufe des Herbstes steigt und die auch einen beträchtlichen Teil der hiesigen Jagdstrecken ausmachen. Ohne an dieser Stelle näher auf die Gundsatzdiskussion über die Jagd auf Zugvögel eingehen zu wollen, führt die relativ große Zahl dieser Zu- und Durchzügler doch häufig dazu, dass einige Jäger den Bruterfolg ihrer „Standenten" im Revier weit überschätzen. Dies vor dem Hintergrund, dass speziell die Stockente vielfach noch immer als Standvogel betrachtet wird, was sie in Teilen ihres Verbreitungsgebietes auch sein kann – aber eben nur in Teilen.

Wer in seinem Revier ausschließlich Stillgewässer hat, sollte die Entenjagd nicht zu lange aufschieben, um die Kühltruhe im gewünschten Maß füllen zu können. In jedem Fall sollte er aufmerksam die winterlichen Wetterprognosen dahingehend verfolgen, wann mit den ersten längeren Frostperioden zu rechnen ist. So können die Tage bis dahin noch genutzt werden, denn sind die Teiche erst zugefroren, ist es erstmal oder vielleicht gar für den Rest bis zum Ende der Entenjagdzeit am 15. Januar vorbei. In Schleswig-Holstein endet die Jagdzeit schon am 31. Dezember, in Berlin bereits am 15. Dezember. Ihr hervorragend isolierendes Gefieder macht die Enten sicher zum winterhärtesten Federwild, doch sollte bei dauerhaft überfrorenen Stillgewässern und starkem Eisgang am Fluss die Jagd auf die Breitschnäbel eingestellt werden.

Ansonsten stellen die Enten eine der berühmten Ausnahmen, die bekanntlich die Regeln bestätigen. Denn Enten (und Gänse) sind auch bei klirrender Kälte in der Luft auf dem Strich zu ihren Äsungs- beziehungsweise Ruhegewässern. Und auch bei strömendem Regen kann man beim abendlichen Entenstrich bemerkenswerte Strecken erzielen. Dass die Jagd an sich weniger Freude bereitet, wenn das Wasser an den Flintenläufen herabläuft, steht auf einem anderen Blatt.

Abb. 64 *Auch Gänse – im Bild Saat- und Blessgänse – fallen gegen den Wind ein und stehen anschließend mit dem Gesicht im Wind. Eine Tatsache, die beim Einsatz von Attrappen (auch von Locktauben) beachtet werden muss.*

Nebel und Eisregen blasen „Hahn in Ruh“!

Starker Nebel auf Treibjagden oder der Jagd allgemein kann beziehungsweise muss je nach Intensität aus Sicherheitsgründen zum Abbruch der jagdlichen Aktivitäten führen. Besser sollte gar nicht angeblasen werden („wir können ja mal probieren …“), und von vornherein das eine oder andere Treiben in der Gaststube abgehalten werden. Wer schon die dumpfen Schrotschüsse im Nebel, abgegeben von unsichtbaren Mitjägern, um sich herum gehört hat, weiß, welche Unsicherheit und Angst die „dicke Suppe“ für die Jagd mit sich bringt.

Gleiches gilt für Eisregen mit überfrierendem Boden. Jeder Schrotschuss auf die dünne Eisdecke birgt ein hohes Gefahrenpotenzial in sich und es ist nicht möglich, wenn man selbst auf unsicheren Läufen steht, jene der Flinte mit der erforderlichen Sicherheit zu kontrollieren. Darüber hinaus sprechen allgemeine Tierschutzregeln selbstverständlich gegen die Jagd bei Eisregen.

Bei der Gänsejagd kann Nebel in entsprechender Höhe allerdings Vorteile bringen, denn die Gänse streichen dann aus Sichtgründen deutlich niedriger als sonst. Um sämtliche Gefahren auszuschalten, muss dem Jäger dann allerdings das Umfeld so bekannt sein wie die oft zitierte eigene Westentasche.

Neuschnee bringt für den Niederwildjäger stets eine willkommene Gelegenheit, sich insbesondere über das Raubwildvorkommen im Revier etwas klarer zu werden. Weiterhin bietet er die Möglichkeit, den Stein- und Baummarder (Jagdzeiten beachten!) – denen sonst fast ausschließlich mit der Falle nachgestellt wird – auf eine sehr reizvolle, oft aber auch zeitintensive und anstrengende Art und Weise mit der Flinte zu bejagen. Man geht die typische Marderspur im Drei- oder Paartritt so lange aus, bis man das Tagesversteck Weiß- oder Gelbkehlchens erreicht hat. Dies kann eine höher gelegene Baumhöhle, ein Greif- oder Rabenvogelhorst, ein Schuppen oder auch ein Holzpolter sein. Regelmäßig wird besonders der Baummarder auf dem Weg in seinen Tagesunterschlupf dabei fortholzen. Dann gilt es vom Marder abgetretene kleine Rindenstücke, Ästchen oder Moos- und Flechtenstücke zu suchen, um seinen Weg in den Bäumen verfolgen zu können.

Ist man sich sicher, über dieses „Ausneuen“ das Versteck gefunden zu haben, hängen Erfolg und Misserfolg vor allem von der Beschaffenheit des Unterschlupfes ab. Lohnt es zum Beispiel eines Marders wegen ein größeres Holzpolter nach und nach und unter Maschineneinsatz abzutragen? Aus einer Baumhöhle wird man den Marder nur in den seltensten Fällen „ausklopfen“ können. Kleinere Feldschuppen und Ställe dagegen lassen die Erfolgschancen steigen. Nur sollten dazu möglichst rasch mehrere Jagdfreunde benachrichtigt und herbeigeholt werden, was im Zeitalter des Handys kein Aufwand mehr ist. Ein oder zwei Mitjäger gehen in den Schuppen und lärmen dort, was das Zeug hält, die anderen haben das Versteck zuvor umstellt und warten auf den springenden Marder. Sollte er in erreichbarer Höhe befindliche Greif- oder Rabenvogelhorste als Ruheplatz nutzen, haben sich neben dem Klopfen am Stamm (was oft zu nichts führt) verschiedene Wurfgeschosse bewährt, um den Marder in Bewegung zu bringen.

Sollte ein Marder zufällig – abgesehen vom Wetter – einmal im Treiben sein, wird er stets versuchen einen Erdbau anzunehmen oder durch die Flucht in der Vertikalen seinen Balg zu retten. Ich erinnere mich in diesem Zusammenhang noch gut an eine Fasanensuche im Revier meines Schwagers. Als die Hunde eine Fichtendickung erfolglos revidiert hatten und wir eigentlich schon im Abmarsch begriffen waren, entdeckten wir in der Spitze einer die Fichten weit überragenden, längst entnadelten Lärche einen Baummarder, der etwas verzweifelt wirkend versuchte, sich in der dünnen und im Wind schwankenden Spitze des Baumes festzuklammern.

Schließlich sei noch ein anderer Punkt erwähnt: Die Tatsache nämlich, dass das Niederwild – vor allem in intensiv genutzter Feldflur – in strengen Wintern mit entsprechenden Schneelagen häufig viel eher in Bedrängnis gerät als das Schalenwild. Ungeachtet dessen drehen sich die jagdpolitischen Diskussionen um die Wildfütterung fast ausschließlich um Hirsch, Reh und Sauen. Was Wunder in einer leider völlig schalenwilddominierten Jagd und Jägerei in unserem Land. Ich halte deshalb nichts von generellen Fütterungsverboten – die beim Schalenwild, gebietsweise unterschiedlich, sicher ihre Berechtigung haben – mit Ausnahme der behördlich proklamierten Notzeiten. Denn was spricht zum Beispiel gegen eine sachgerechte Fasanenschütte in der unten aufgeasteten Fichtendickung oder im gedeckten Feldgehölz? Dass die zum Teil auch ohne Eisgang und Frost mitunter zentnerweise abgekippten Weizenberge am oder noch schlimmer im Entengewässer nicht zu duldende Exzesse verkörpern, bedarf keiner weiteren Erklärung.

Abb. 65 *Dichter Bodennebel wird jeden vernünftigen Jagdleiter dazu bewegen, die Jagd abzubrechen.*

4. Wetterberichte deuten

Ralf Brauner

Wie kann der Jäger Wettervorhersagen speziell für den Jagdbetrieb nutzen? Wann wird eine bestimmte Wetterfront das Revier erreicht haben? Diese und weitere Fragen zum Thema beantwortet das nachfolgende Kapitel. An ausgewählten Beispielen wird gezeigt, wie man sich mit Hilfe allgemein zugänglicher Wettervorhersagen (Internet, Tageszeitung, etc.) auf das zu erwartende Wetter im Jagdbetrieb vorbereiten kann.

Aufkommen und Wirkung einer Kaltfront

Da Wind ein bestimmender Faktor im Jagdbetrieb ist, kann insbesondere die Passage einer Kaltfront mit dem markanten Windsprung von nahezu 100° an einem Jagdtag sehr wichtig werden. Besonders bei der Auswahl des Ansitzes ist eine zu erwartende Windrichtungsänderung von großer Bedeutung.

Beispielsweise wird hier für die hinsichtlich des Wetters optimierte Nutzung des Jagdtages eine Wettervorhersage des Internetanbieters „Wetter.Com“ (*www.wetter.com*) benutzt. Dabei handelt es sich um eine 30-stündige Bodendruckvorhersagekarte. Wichtig ist es, sich nicht im Detail zu verlieren, sondern entscheidend ist für den Wetterverlauf hier, dass eine Kaltfront das Revier überquert. Passend dazu wäre auch die Aussage des Wetterberichts für das jeweilige Bundesland, die auch im Internet (z. B. *www.dwd.de*) verfügbar ist.

Ein mittlerer Wert für die Verlagerung einer Kaltfront (in Wetterberichten wird häufig der Begriff schwenken statt verlagern verwendet) sind etwa 30 km/h. Damit ist eine Kaltfront durchaus in der Lage, Deutschland innerhalb eines halben Tages von West nach Ost zu überqueren. Bei Sturm- oder Orkantiefs erreichen die Verlagerungsgeschwindigkei-

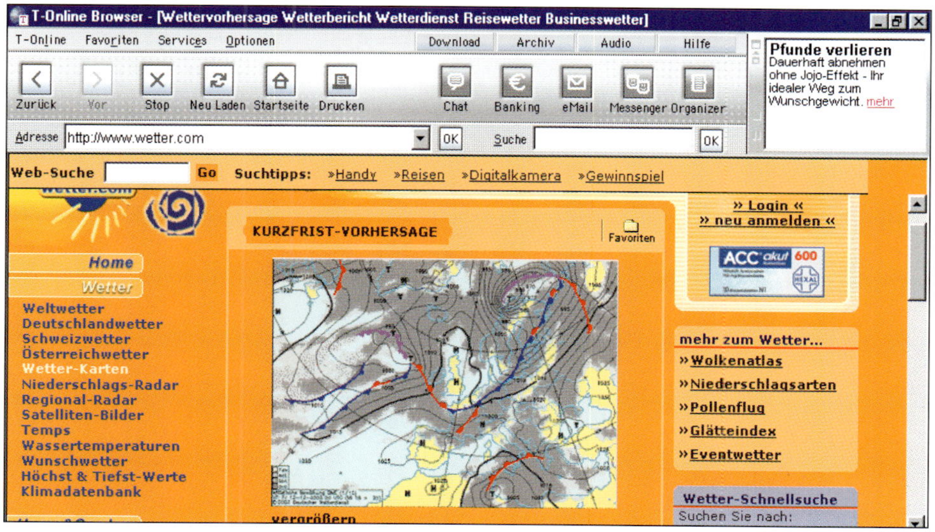

Abb. 66
Auf Internetseiten findet man ein großes Angebot an Wettervorhersagen, hier „Wetter.com“.

ten mit bis zu 100 km/h noch deutlich höhere Werte. Hat man den Morgenansitz auf die vorherrschende Windrichtung abgestimmt (in diesem Beispiel Wind aus Südwest), dann muss je nach Entfernung der Kaltfront zum Jagdrevier mit einer markanten Winddrehung auf Nordwest gerechnet werden. Das zeigen auch die Abbildungen. Der Sektor, aus dem sich das Wild dann voraussichtlich nähern wird, ist deutlich verschieden, wie man den Abbildungen entnehmen kann.

Doch wie kann man in etwa abschätzen, wie weit die Kaltfront noch vom Jagdrevier entfernt ist? Auch da helfen Wetterkarten weiter, wie sie auch auf Internetseiten zur Verfügung stehen. Bodendruck-

Abb. 67 *Die 30-stündige Wettervorhersagekarte zeigt, dass eine Kaltfront Mittel- und Nordeuropa überqueren wird.*

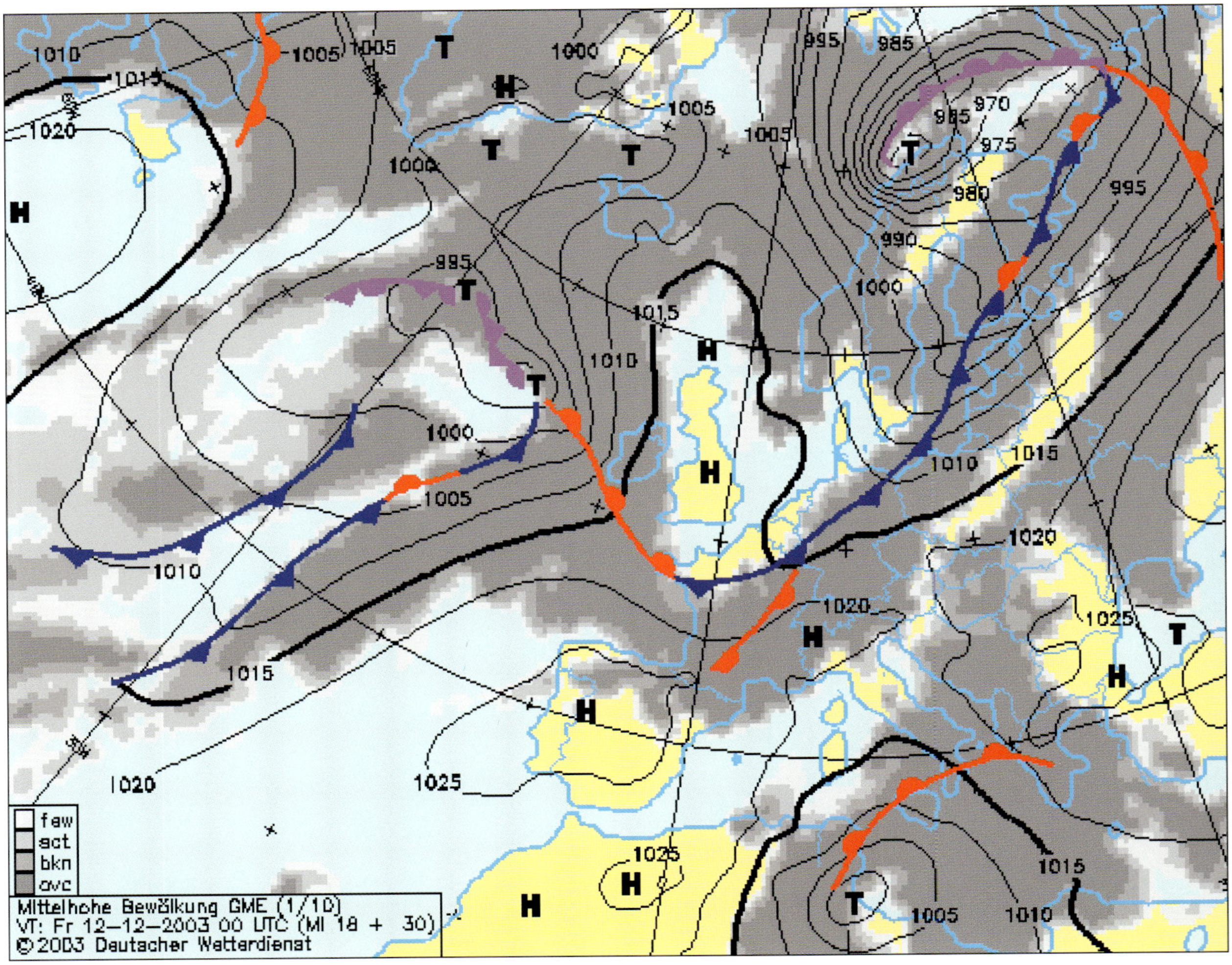

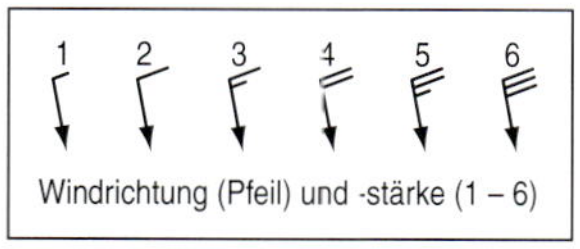

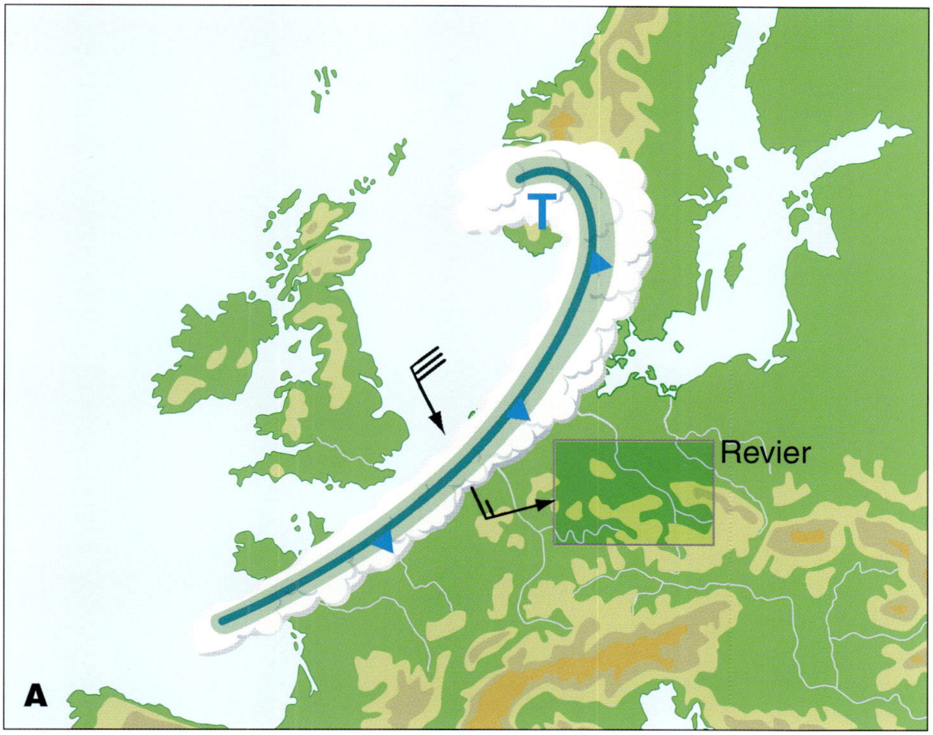

Abb. 68 A, B, C
Die Abbildung A zeigt wie die Kaltfront aus der Wettervorhersagekarte auf die zu erwartenden Windverhältnisse im Revier übertragen wird. Die Abbildung B zeigt die Windverhältnisse vor der Kaltfront. In der Abbildung C ist die deutliche Winddrehung (im Uhrzeigersinn) zu erkennen, nachdem die Kaltfront das Revier überquert hat.

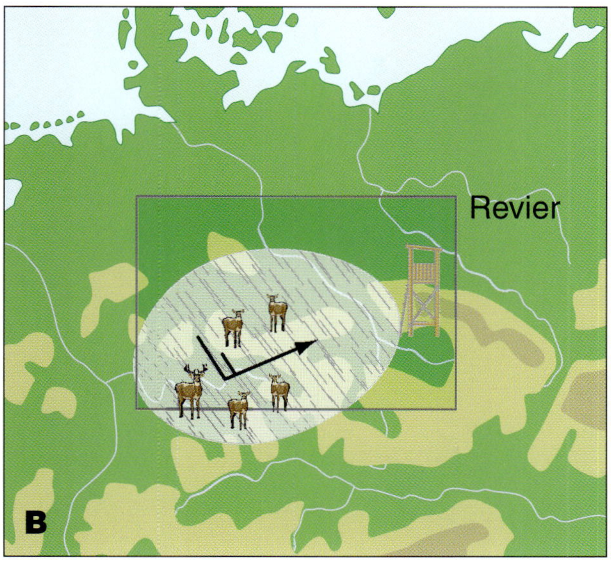

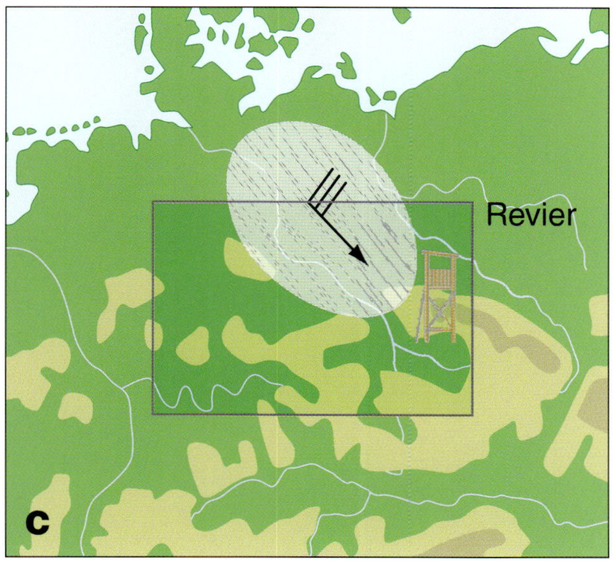

analysen zeigen den momentanen Zustand des Wetters zu einem bestimmten Zeitpunkt. Als Zeitangabe wird UTC (Universal Time Coordinated) angegeben. Da fast alle Wettervorhersageprodukte die Weltzeit UTC verwenden, müssen je nach gesetzlicher Zeit (MEZ = Mitteleuropäische Zeit, MESZ = Mitteleuropäische Sommerzeit) noch eine Stunde für MEZ oder zwei Stunden für MESZ addiert werden.

Ist nun die Passage der Kaltfront in den Jagdbetrieb mit eingeplant, stellt sich die Frage, ob man mit einfachen Hilfsmitteln die Annäherung der Kaltfront beobachten kann? Hat man den Ansitz eingenommen und die Sicht zum Himmel/Horizont ist frei, dann kann tagsüber die Wetterentwicklung anhand von Wolken oder auch mit einem Barometer (oft als Zusatzfunktion in einer modernen Quarzuhr enthalten) beurteilen. Während die Beobachtung und Zuordnung von Wolken tagsüber gut zu erlernen ist, bereitet sie nachts größere Schwierigkeiten. Besonders die Zuordnung der Höhe und Kompaktheit/Dicke der Wolken ist nicht einfach.

Abb. 69
Quarzuhr mit Barometerfunktion.

Da das Wolkenband an der Kaltfront nur sehr schmal ist, gibt es eine „Vorwarnzeit" von einigen Stunden, bis die Front das Jagdrevier überquert. Etwa 200 bis 300 Kilometer vor der Kaltfront am Boden können Wolken vom Typ Altostratus beobachtet werden. Die unterschiedlichen Wolken sind im Anhang unter „Kleine Wolkenkunde" zu finden.

Regen oder Schnee fällt vor der Front als Niederschlag aus Stratocumulus und Nimbostratus. Dazu fällt der Luftdruck leicht. Der Wind weht vor einer Kaltfront typischerweise aus Südwest, wenn das Tief aus westlichen Richtungen kommend sich ostwärts verlagert. Bei Durchgang der Front dreht der Wind, oft begleitet von starken Böen oder manchmal auch Gewittern, auf Nordwest. Direkt hinter der Front ist es oft wolkenlos, danach folgen Quellwolken/Cumuluswolken, aus denen sich Cumulonimbuswolken mit Schauern oder Gewittern entwickeln. Nach Passage der Front steigt außerdem der Luftdruck stark an. Durch die kalte und trockene Luft, die nach der Front folgt, ist die Sicht oft ausgezeichnet, während es vor der Front oft noch dunstig ist. Der Wind weht jetzt stärker und auch böiger.

Abb. 70 *Der Nimbostratus ist eine Schichtwolke, aus der gleichmäßig leichter bis mäßiger Regen – „Landregen" – fällt. Die Unterseite ist einförmig dunkelgrau und weist nur wenig Strukturen auf.*

Aufkommen und Wirkung einer Warmfront

Nicht so markant wie an einer Kaltfront ist die Änderung der Windrichtung an einer Warmfront. Doch grundsätzlich verschieden sind die weiteren jagdlich relevanten Wettererscheinungen. Bevor die Warmfront am Boden das Jagdrevier erreicht, kündigt sie sich bereits 15 bis 20 Stunden vorher mit Cirruswolken an, hohen, schleierförmigen, dünnen Schichtwolken. Die Cirruswolken sind die Vorboten des Wettergeschehens, das sich wenige Stunden

Abb. 71 *Die 30-stündige Wettervorhersagekarte aus dem Internet zeigt, dass zunächst eine Warmfront Mittel- und Nordeuropa überqueren wird.*

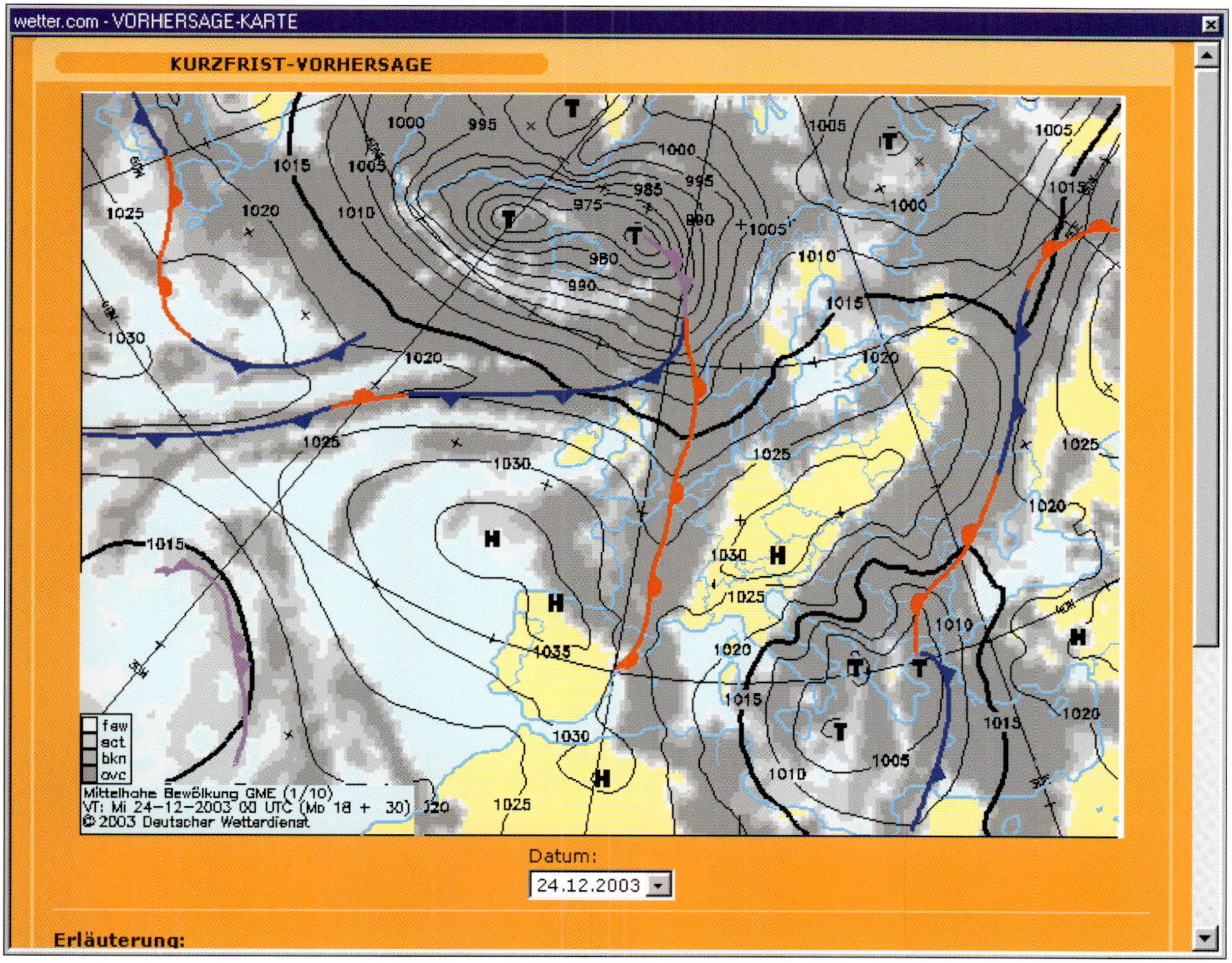

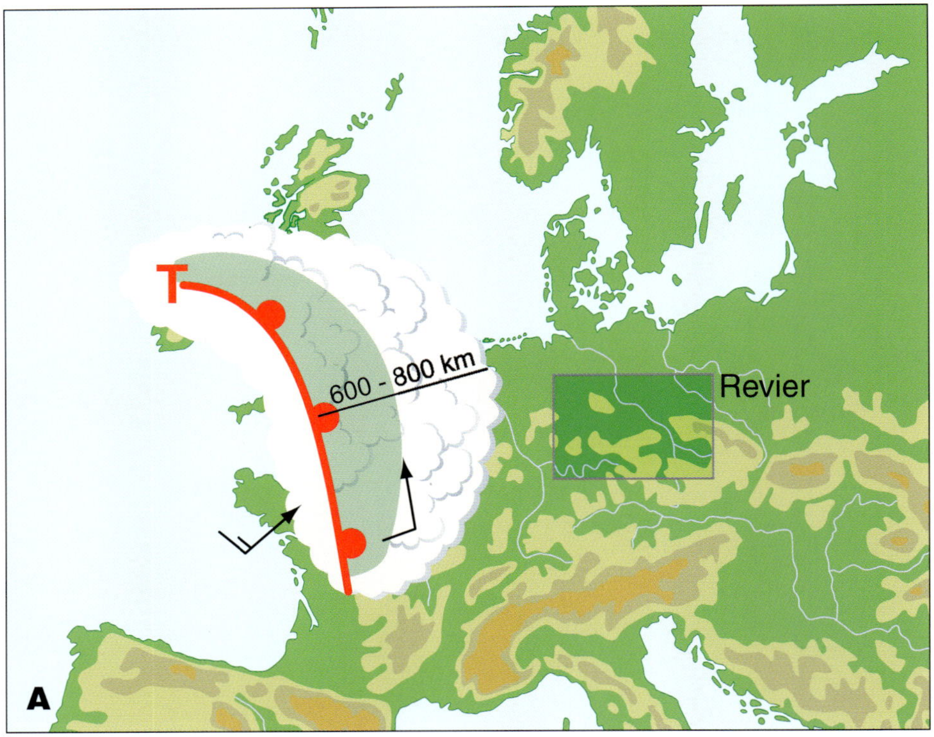

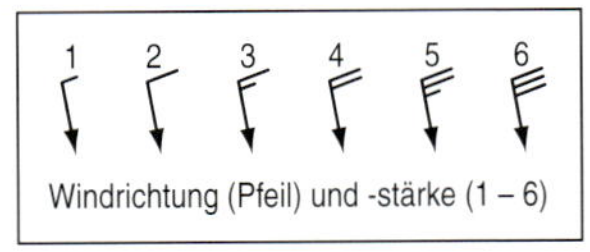

Abb. 72 A, B, C
Die Abbildung A zeigt wie die Warmfront aus der Wettervorhersagekarte auf die zu erwartenden Wetterverhältnisse im Revier übertragen wird. Die Abbildung B zeigt die Windverhältnisse vor der Warmfront. In der Abbildung C ist die Winddrehung (im Uhrzeigersinn) nach der Warmfront zu erkennen.

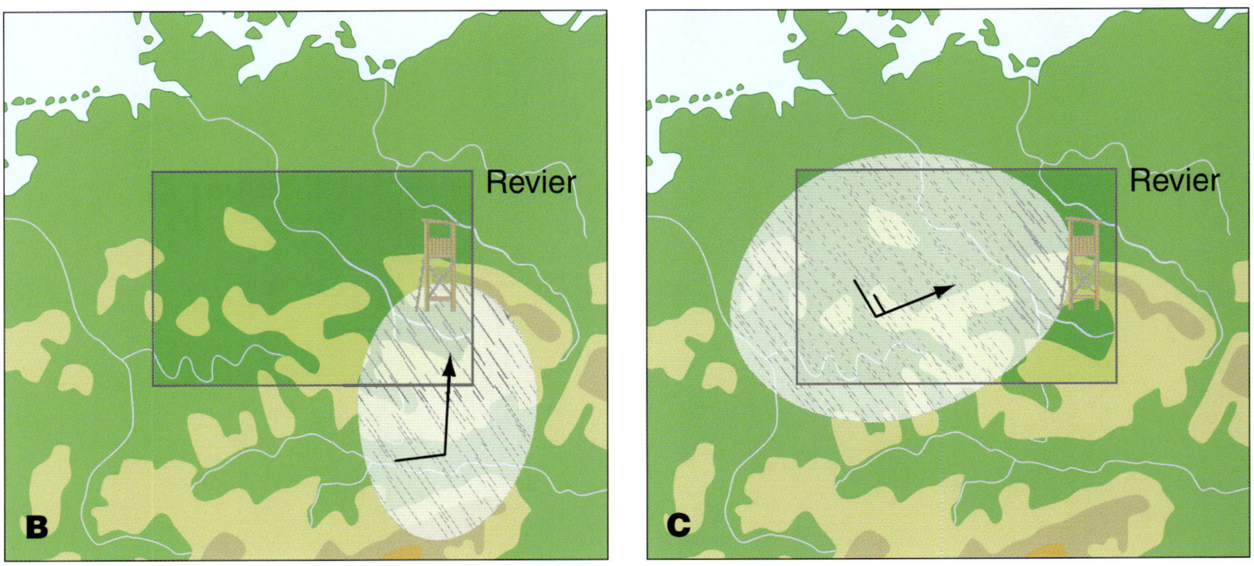

Abb. 73
Nimbostratus, die Wolke mit „Dauerregen" vor der Warmfront.

später einstellen wird. Aber sie sind auch nur dann ein Beleg für eine Warmfront, wenn aus einer Wettervorhersage bekannt ist, dass sich eine Warmfront nähert. Denn Cirruswolken können sich bei schönstem Hochdruckwetter zeigen und trotzdem bleibt das Wetter unverändert gut!

Weiter hilft hier eine verlässliche Wettervorhersage. In diesem Beispiel wird eine Wetterkarte aus dem Internet verwendet. Sie zeigt, dass sich von Westen her eine Warmfront nähert. Der Text in einem Rundfunkbericht würde dazu lauten: „… im Tagesverlauf nimmt von Westen her die Bewölkung zu und nachfolgend beginnt es am Nachmittag im westlichen Niedersachsen zu regnen …"

Hat man deutlich vor der Warmfront den Ansitz bezogen, weht der Wind zunächst aus südlichen Richtungen. Die ersten noch vereinzelten Cirruswolken sind am Himmel zu beobachten. Jetzt sind es noch etwa 20 Stunden, bis die Warmfront am Boden mit der deutlich wärmeren Luftmasse das Revier erreicht. Nach den einzelnen Cirruswolken folgt der Cirrostratus, der den Himmel allmählich überzieht. Nach dem Cirrostratus sinkt die Untergrenze langsam ab und der Altostratus zeigt sich am Himmel. Nun beginnt es allmählich leicht zu regnen, oder je nach Jahreszeit ist auch Schnee mit dabei. Das Niederschlagsband beginnt etwa 300 bis 400 Kilometer vor der Warmfront, daher besteht eine gute Möglichkeit, dass bei einer langsamen bis mittleren Verlagerung der Front der Regen oder Schnee für einen Zeitraum von fünf bis zehn Stunden den Jagdtag begleitet. In einem Abstand von 100 bis 300 Kilometer vor der Front beobachtet man Nimbostratus mit Dauerniederschlag besonders im Herbst und Winter. Durch den Niederschlag ist auch die Sicht über Stunden stark vermindert, oft bildet sich auch Nebel. Durch die schlechte Sicht wird der Jagdbetrieb stark eingeschränkt.

Wird das Revier dann von der Warmfront überquert, stellt sich unmittelbar danach eine aufgelockerte Bewölkung ein. Wolken vom Typ Stratocumulus, Altocumulus und/oder flache Cumuluswolken zeigen sich am Himmel. Der Dauerregen lässt nach, es gibt nur noch ab und zu leichten Regen oder Sprühregen. Auch die Sicht bessert sich. Der Wind hat seine Richtung um bis zu 45° verändert (im Uhrzeigersinn!).

Wer eine moderne Outdoor-Uhr mit Barometerfunktion auf der Jagd trägt, wird vor der Warmfront je nach Intensität des Tiefdruckgebietes einen fallenden Luftdruck verzeichnen. Nach der Warmfront bleibt der Luftdruck gleich oder fällt nur noch leicht.

Fazit: Der Jagdbetrieb, der bei Annäherung einer Warmfront praktiziert wird, ist insbesondere durch den Dauerniederschlag und der damit verbundenen Sichtverschlechterung für einige Stunden bis zu einem halbem Tag stark eingeschränkt. Vor diesem Hintergrund ist ein solches Wettergeschehen vor allem für Gesellschaftsjagden aller Art von besonderer Bedeutung.

Gewitter – Luftmassen- und Frontgewitter

Gewitter stellen eine besondere Gefahr für Mensch und Tier dar. Sie können den Jagdtag erheblich beeinflussen oder gar beenden. Man unterscheidet Luftmassen- und Frontgewitter. Die Abbildungen 100 und 101 zeigen typische Wetterlagen für Luftmassen- und Frontgewitter. Betrachten wir zunächst einen Tag mit Luftmassengewittern, die vorwiegend im Sommer auftreten.

Typisch für diese Gewitter – auch thermische Gewitter genannt – ist, dass ein Hochdruckgebiet

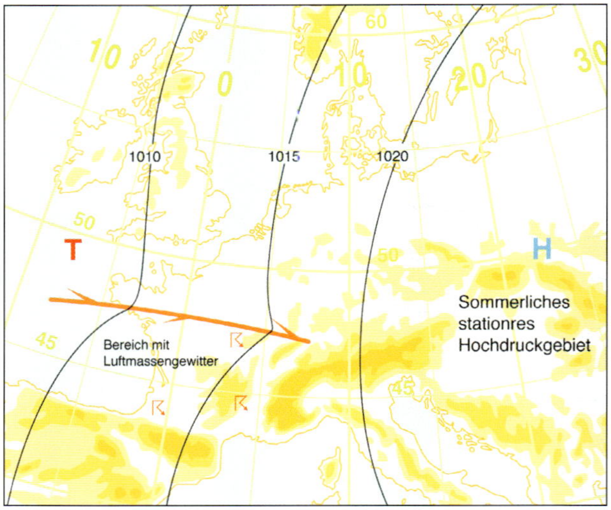

***Abb. 74** Luftmassengewitter im Randbereich eines sommerlichen Hochdruckgebietes.*

schon seit Tagen das Wetter im Revier beziehungsweise in der Region oder dem jeweiligen Bundesland bestimmt. Der Wind weht bei der Entwicklung von Luftmassengewittern oft aus Südost bis Süd. Mit dieser Windrichtung werden in Europa im Sommer oft sehr warme und zunehmend auch feucht-schwüle Luftmassen herangeführt. Ein morgendlicher Wetterbericht könnte etwa so im Rundfunk verlesen werden: „… sonnig, Anstieg der Tagestemperaturen auf 30 bis 33 °C, ab mittags aufkommende Quellbewölkung und nachmittags oder abends Wärmegewitter, schwacher Wind aus Südost.“

Der Jäger kann sich, zum Beispiel bei einer vormittäglichen Pirsch zur Blattzeit, also zunächst auf die vorherrschende Windrichtung Südost einrichten. Doch wird sich der Bodenwind mit der Bildung von Quellwolken zunächst noch einmal abschwächen.

Wie aber kann man ein nahendes Gewitter erkennen und den weiteren Tagesablauf darauf ausrich-

Abb. 75
Der „Gewittervorbote" Altocumulus castellanus.

ten? Hier hilft eine aufmerksame Beobachtung des Himmels, denn der Altocumulus castellanus ist der Vorbote. Sieht man diese Wolke bereits am Morgen und verschwindet diese wieder bis zum Mittag, dann liegt ein hohes Potenzial für die Ausbildung von Gewittern vor. Auf dem Barometer wird man einen stetig fallenden Luftdruck bis zum späten Nachmittag ablesen können. Beim Einschalten eines Radios im Frequenzbereich Mittelwelle kann ein „Knacken" auf bereits vorhandene oder sich entwi-

Abb. 76
Diese Wolke sieht man unmittelbar vor dem Gewitter, der Cumulonimbus (hier mit Amboss).

ckelnde Gewitter hinweisen. Verantwortlich für das Knacken sind elektrische Entladungen. Wird im weiteren Tagesverlauf der Cumulonimbus beobachtet, vielleicht sogar noch mit einem Amboss, dann ist bald mit Gewittern zu rechnen. Bei Luftmassengewittern sind die einzelnen Zellen auszumachen. Sie haben bei ihrer Entstehung eine horizontale Ausdehnung von etwa ein bis fünf Kilometern. Die einzelnen Gewitterzellen, die Cumulonimben, lassen sich mit dem bloßem Auge erkennen. Hier gilt aber: Nicht jede Gewitterzelle wird den Beobachter erreichen. Oft ziehen Gewitter auch einfach vorbei. Ist das Gewitter aber in unmittelbarer Nähe, dann ist mit heftigen Böen sowie starkem Regen, oft mit Hagel oder Graupel, zu rechnen. Nach dem Gewitter weht der Wind dann häufig schwach aus unterschiedlichen Richtungen, was wiederum für die Jagdpraxis von großer Bedeutung ist. Zieht es doch bis auf die „Baubewohner" eigentlich jede Wildart nach einem Gewitter aus den Einständen hinaus, um sich die Decke, den Balg oder das Gefieder zu trocknen.

Bei Frontgewittern sieht es anders aus. Der Vorbote ist wie bei Luftmassengewittern die Wolke vom Typ Altocumulus castellanus. Auch das typische „Knacken" im Radio kann abgehört werden. Da Frontgewitter meist an eine Kaltfront gebunden sind, treten hier aber keine einzelnen Zellen auf, sondern die Gewitter sind entlang der Kaltfront angeordnet. Oft gibt es vor der Kaltfront noch vorlaufende (Konvergenz-)Linien mit Gewittern.

Ein morgendlicher Wetterbericht, wo im Tagesverlauf Frontgewitter auftreten, könnte sich etwa so anhören: „... an der Westflanke des Hochs über Osteuropa werden recht feuchte Luftmassen heran-

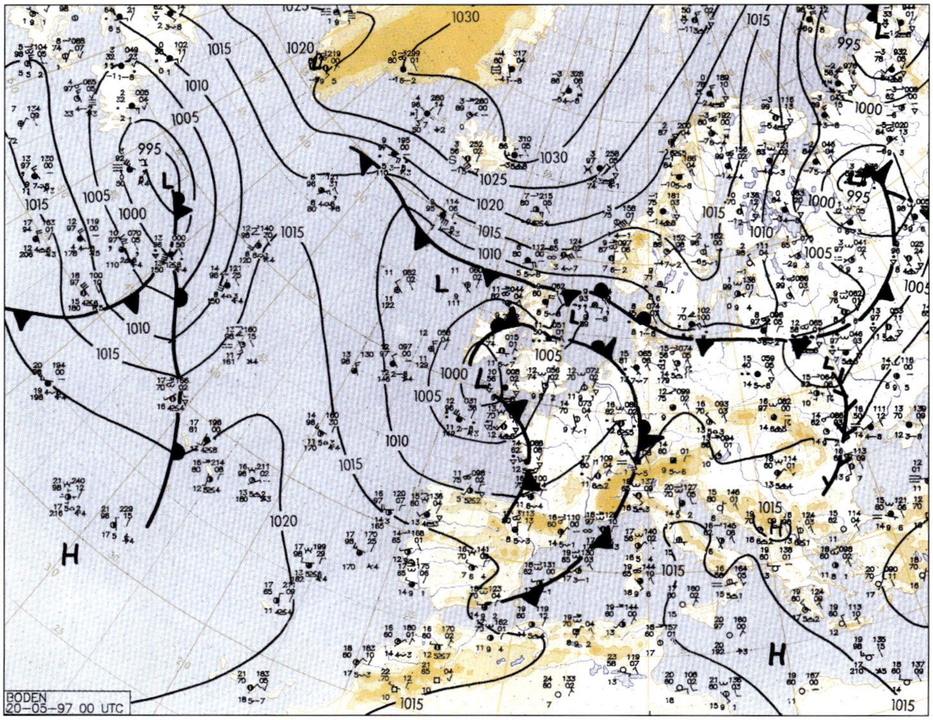

Abb. 77
Wetterlage mit Frontgewittern über Mitteleuropa.

geführt. Zum Nachmittag nähert sich von Westen her eine gewittrige Kaltfront. Dabei ist mit kräftigen Gewittern mit Graupel und Hagel sowie Sturmböen zu rechnen. Tagestemperaturen am Nachmittag bei 32 °C. Der Wind weht zunächst schwach aus Süd bis Südwest, nach der Gewittertätigkeit auch frisch aus Nordwest."

Gewittrige Kaltfronten

Nähert sich nach einer längeren Schönwetterphase eine Kaltfront, dann ist im Jagdrevier mit zum Teil kräftigen Gewittern zu rechnen.

Wiederum kann sich der Jäger zunächst auf die vorherrschende Windrichtung Süd bis Südwest einrichten. Nachdem der Vorbote Altocumulus castellanus zum Mittag verschwunden ist, werden im weiteren Tagesverlauf nicht einzelne Gewitterzellen zu beobachten sein, sondern die Frontgewitter nähern sich mit der Kaltfront wie eine schwarze Wand aus der Richtung, aus der sich die Kaltfront dem Revier nähert. Im Gegensatz zu den Luftmassengewittern, wo einzelne Zellen das Revier vielleicht nicht erreichen, kann hier in der Regel mit einer starken Gewittertätigkeit im Revier gerechnet werden. Ist das Gewitter erst einmal über dem Revier angekommen, muss je nach Intensität mit

Gefahren bei Gewittern

Immer wieder wird auf die Gefahren bei Gewittertätigkeit hingewiesen. Auf jeden Fall ist zu sagen, dass man sich nicht auf exponierte Plätze, wie Hügel kleine Berge oder Gipfel begeben sollte. Um Erdströmen vorzubeugen, ist eine isolierende Unterlage empfehlenswert. Man sitzt besser auf einem trockenem Stein als auf nassem Moos oder Gras. Metallteile – zum Beispiel die Flinte oder Büchse – sollten nicht in unmittelbarer Nähe abgestellt werden.

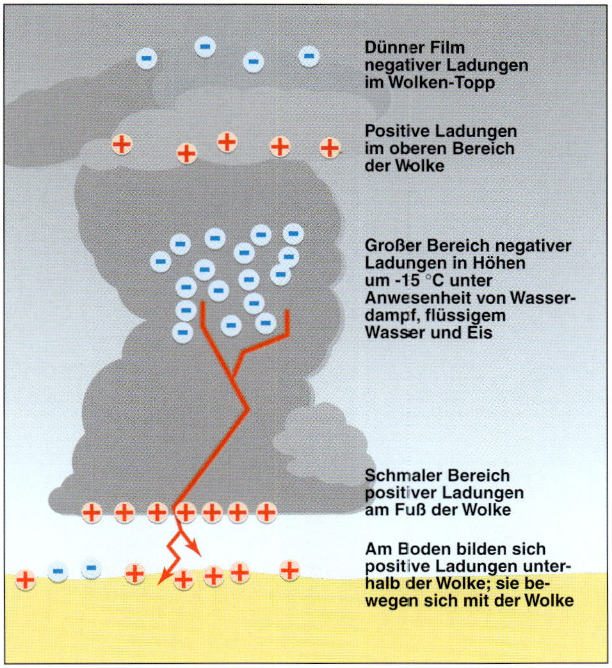

Abb. 78 *Ladungsverteilung in einer Gewitterwolke.*

Abb. 79 *Cumulonimbus mamma, das Gewitter ist unmittelbar über dem Beobachter.*

Sturm- oder Orkanböen sowie starkem Regen, Hagel oder Graupel gerechnet werden. Ist die Kalt-/Gewitterfront über den Standort im Revier hinweggezogen, wird der Wind im Uhrzeigersinn stark drehen, nämlich von Südwest auf West- bis Nordwest.

Glatteis – gefrierender Regen

Sehr gefährlich – auch oder besonders für die Jagdpraxis – sind Wetterlagen, die den Boden, Reviereinrichtungen und die Vegetation durch gefrierenden Regen mit einer mehr oder minder dünnen Eisdecke überziehen. Diese Situation stellt sich ein, wenn nach einer längeren Frostperiode auf gefrorenen Boden Regen fällt. Typischerweise war für die anhaltende Frostperiode ein umfangreiches und stabiles Hoch verantwortlich. Nähert sich dann eine Warmfront mit milderen Luftmassen, dann fällt bereits weit vor der Warmfront am Boden aus Altostratus und später auch Nimbostratus Regen, der beim Auftreffen auf den Erdboden sofort gefriert. Doch bilden sich nicht nur auf dem Boden Eisablagerungen, sondern auch an anderen „unterkühlten" Gegenständen.

Wenn allerdings in Wetterberichten von „überfrierender Nässe" gesprochen wird, kommt es zur Ausbildung einer dünnen Eisschicht, weil insbesondere in den Nachtstunden und frühen Morgenstunden die noch vorhandene Restfeuchte durch unter 0 °C absinkende Temperaturen gefriert.

Abb. 80 *Eine dicke Eisschicht hat sich auf den unterkühlten Gegenständen abgelagert.*

Hochdruckeinfluss – schwache Winde und Nebel

Hochdruckgebiete sind nicht immer eine Garantie für angenehmes Wetter. Nebel, Gewitter oder gar Sturm (in den äußeren Bereichen eines Hochdruckgebietes) gestalten das Wetter wechselhaft. Während stationäre/steuernde Hochdruckgebiete im Sommer und im Winter eine über Wochen beständige Witterung bringen, schaffen dies wandernde Hochdruckgebiete nur für einige Tage. Noch kürzer ist der „positive Wettereinfluss" von Zwischenhochs, die sich oft keilförmig zwischen zwei Tiefdruckgebiete schieben.

Sommer
Befindet sich ein umfangreiches Hochdruckgebiet über weiten Teilen von Europa und dem ausgewählten Jagdrevier, wird der Wind nur schwach und umlaufend wehen. Dazu kann sich dann noch zum Teil extreme Hitze gesellen, die die Aktivitäten des Wildes spürbar mindern, was sich zwangsläufig auf die Jagdausübung niederschlägt.

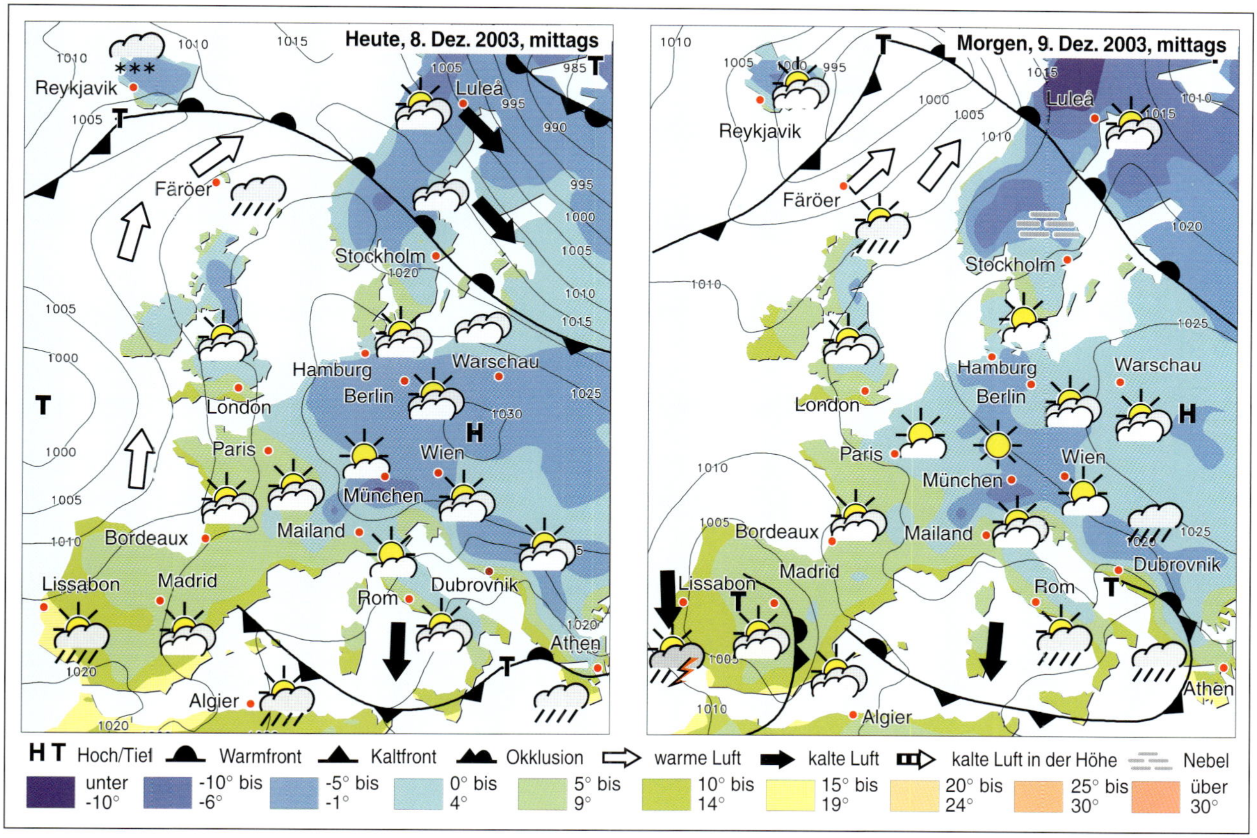

Abb. 81 *Die Wettervorhersagekarten aus Tageszeitungen (hier z. B. Hamburger Abendblatt) zeigen ein wetterbestimmendes Hochdruckgebiet, welches sich kaum verlagert.*

Wie aber kann man nun feststellen, ob es noch Wetterveränderungen am geplanten Jagdtag gibt? Hat man während einer sommerlichen Hochdruckwetterlage den Ansitz morgens eingenommen, wird man am Himmel bereits in den frühen Vormittagsstunden Wolken vom Typ Cumulus humilis beobachten. Gleichzeitig kann man man auf dem Uhr-Barometer einen schwachen Luftdruckfall bemerken. Entwickeln sich die flachen Quellwolken vom Typ Cumulus humilis nicht weiter zu größeren Wolkentürmen, sondern verschwinden am späten Nachmittag bereits wieder, wird die stabile Wetterlage bestehen bleiben. In den frühen Morgenstunden kann sich flacher Boden-/Strahlungsnebel über Weiden und in Tälern ausbilden.

Vorsicht ist allerdings geboten, wenn ab Mittags ein stark fallender Luftdruck auf dem Barometer ersichtlich ist. Werden dann noch Wolken vom Typ Altocumulus castellanus am Vormittag beobachtet und entwickeln sich am Nachmittag die flachen

Cumulus humilis zu den Cumulonimben, dann muss mit Gewittern oder kräftigen Schauern gerechnet werden.

Winter
Befindet sich das Revier im Winter unter dem Einfluss einer Hochdruckwetterlage, dann wird es der Jäger häufig mit Nebel oder Hochnebel zu tun haben. Der Wind weht schwach und die nebelbedingt schlechte Sicht bestimmt den weiteren Ablauf des Jagdtages. Hat man in den Morgenstunden den Ansitz bezogen und dichter Nebel hat sich bereits ausgebildet, ist insbesondere über mit Schnee bedeckten Flächen mit keiner baldigen Veränderung der Nebellage zu rechnen. Ist der Boden nicht mit Schnee bedeckt, und ist die Luft bodennah noch gut sichtig, dann wird man am Himmel oft eine Hochnebeldecke beobachten können. Die Wolken vom Typ Stratus zeigen keinerlei Struktur, nur ein „grau in grau". Kommt aber im Tagesverlauf Wind auf und die Wolkenstruktur gleicht bereits am Vormittag eher einem Stratocumulus, dann kann mit einer Besserung der Wetterverhältnisse gerechnet werden. Zusätzlich könnte man auf dem Barometer einen fallenden Luftdruck verzeichnen.

Nebel – eine Frage der Jahreszeiten

Die Jagd an Flüssen, Seen oder in Küstennähe kann durch dichten Nebel stark beeinträchtigt werden. Dabei gibt es je nach Jahreszeit eine unterschiedliche Häufigkeit von Nebel, aber auch die Ursachen seiner Entstehung unterscheiden sich grundlegend.

Im Frühjahr gibt es auf Flüssen im Küstenbereich sowie über der Nord- und Ostsee bestimmte Wetterlagen, die Kaltwassernebel mit sich bringen. Die Ursache ist, dass das kalte Wasser die warme und feuchte Luft abkühlt, sodass eine Kondensation beziehungsweise Sättigung eintritt. Typischerweise tritt der Kaltwassernebel in den Monaten April, Mai und Juni auf. Im Sommer ist das Wasser dann genügend erwärmt, sodass diese Nebelart dann fast auszuschließen ist.

Nebelentstehung im Frühjahr an der Küste
Werden im Frühjahr warme und relativ feuchte Luftmassen über kaltes Wasser geführt, dann ist mit dichtem Nebel im Küstenbereich zu rechnen. Unterscheidet sich die Wasser- von der Lufttemperatur um mindestens 10 °C, ist mit hoher Wahrscheinlichkeit mit Nebel zu rechnen.

Hört man also in einem morgendlichen Wetterbericht, dass beispielsweise an einem Tag im April Tagestemperaturen um die 20 °C erreicht werden sollen, muss bei dem im Mittel noch unter 10 °C kalten Meerwasser sicherlich mit Nebel gerechnet werden. Während sich der Nebel über den Seen im Binnenland noch auflöst oder aufhellt, weil sich das umgebende Land stark erwärmt, wird es zum Beispiel auf den Ostfriesischen Inseln den ganzen Tag über neblig oder diesig bleiben, was einer geplanten Pirsch auf den roten Bock im Mai und Juni nicht eben förderlich ist. Diese Nebelsituation würde sich erst dann ändern, wenn der Wind dreht und beispielsweise aus den Windrichtungen Nordwest bis Nordost kühlere und trockenere Luftmassen die der niedersächsischen Küste vorgelagerten Inseln erreichen. Aber auch für andere Küstengebiete trifft dieses Beispiel zu.

Von größerer Bedeutung für den Jagdbetrieb aber sind herbstliche Warmwassernebel. Diese Nebelform wird dann auftreten, wenn kalte Luftmassen über warmes Wasser wehen. Auch hier gilt: Beträgt die Differenz zwischen dem noch relativ warmen Wasser und der Luft mehr als 10 °C, kommt es zur Bildung von Warmwassernebel. Mit dieser einfachen Regel ist es sehr einfach zu prüfen, ob es am nächsten Morgen Nebel geben wird. Dazu benötigt man lediglich die Wassertemperatur und die Tiefsttemperatur in den Morgenstunden. Aktuelle Wassertemperaturen sind den Tageszeitungen oder entsprechenden Internetseiten zu entnehmen. Die Tiefsttemperaturen kann man dem Wetterbericht aus dem Rundfunk, Fernsehen oder Internet entnehmen.

Beträgt beispielsweise die Wassertemperatur eines großen Binnensees 16 °C und in den Morgenstunden sollen Tiefstwerte um 5 °C erreicht werden, ist mit hoher Wahrscheinlichkeit mit Nebel zu rechnen. Im Gegensatz zum Kaltwassernebel, dessen Intensität sich im Küstenbereich tagsüber nur wenig verändert, wird sich der Warmwassernebel bei Sonneneinstrahlung bis zum Mittag wieder auflösen.

Nebelentstehung im Herbst an der Küste

Wehen im Herbst sehr kalte Luftmassen über warmes Wasser, dann bildet sich über Seen und im Küstenbereich Nebel aus. Ist die Lufttemperatur um mindestens 10 °C kälter als die Wassertemperatur, wird sich mit hoher Wahrscheinlichkeit Nebel bilden.

Das gesamte Jahr über kann Strahlungsnebel die Jagd beeinträchtigen. Er bildet sich durch die nächtliche Abkühlung der Landmassen meist in den Morgenstunden. Im Gegensatz zum Kaltwassernebel im Frühjahr ist er nur von kurzer Dauer, denn sobald die Sonne die bodennahen Luftschichten wieder erwärmt, wird der Nebel sich auflösen. Tritt Strahlungsnebel im Spätherbst oder Winter auf, so kann es im Zusammenhang mit Hochdruckeinfluss zu einer länger andauernden Nebellage kommen.

Nebelbildung zu allen Jahreszeiten

Er bildet sich durch die nächtliche Abkühlung der Landmassen meist aber in den Morgenstunden. Sobald die Sonne die bodennahen Luftschichten wieder erwärmt, löst sich der Nebel auf.

Abb. 82 *Strahlungsnebel bildet sich durch die nächtliche Abkühlung manchmal schon in den Abendstunden, meist aber erst zum Morgen.*

6. Anhang

Kleine Wolkenkunde

Abb. 83 *Cumulus humilis, flache Haufenwolke (Schönwetterwolke) – Cu*

- Quellwolke geringer vertikaler Ausdehnung.
- Die Oberseite der Wolke hat runde Formen und leuchtet weiß im Sonnenlicht, die Unterseite ist etwas dunkler, glatt und nahezu waagerecht.
- Bildet sich meist an schönen Sommertagen.
- Diese flachen Cumuluswolken finden sich häufig am Rand von Hochdruckgebieten.
- Sie erscheinen zunächst vereinzelt im Laufe des Vormittags am blauen Himmel.
- Sie wachsen bis zum Mittag weiter, es bleiben aber immer größere Zwischenräume mit blauem Himmels zwischen ihnen.
- Im Laufe des späten Nachmittags werden sie flacher und lösen sich bei Sonnenuntergang auf.
- Meist Anzeichen für schönes, stabiles Wetter.

Abb. 84 *Stratocumulus stratiformis (opacus undulatus) – Cu*

- Ausgebreitete flache Haufenwolke.
- Die Sonne scheint nicht durch.
- Die Unterseite zeigt häufig wogenartige Struktur.
- Keine ausgeprägte Regenwolke, gelegentlich fällt Sprühregen.
- Ist auch im Stau von Gebirgen und bei auflandigen Küstenwinden zu beobachten.
- Oft im Warmsektor von Tiefdruckgebieten oder an der „kalten Seite" von Hochdruckgebieten (nordwestliche Luftströmung) mit einer starken Inversion.
- Auch typisch in Zwischenhochs und Hochkeilen, die die Tiefdruckgebiete in der Westwinddrift voneinander trennen.

Abb. 85 *Cumulus mediocris, Haufenwolke – Cu*

- Größere Haufenwolken mit „blumenkohlartigen" Gipfeln. Scharfe Ränder,die Unterseite ist recht dunkel, aber noch glatt und waagerecht.
- Sie finden sich häufig am Rand von Hochdruckgebieten (auf der kalten Seite der Hochs mit nordwestliche Luftströmung).
- Abschwächender Hochdruckeinfluss.
- Nimmt Mächtigkeit am späten Nachmittag/abends nicht ab, dann Veränderung der Wetterlage.

Abb. 86 *Cumulus congestus, aufgetürmte Haufenwolke – Cu*

- Gut entwickelte Quellwolke.
- Luft kondensiert oft unter dem Gipfel zu Streifen und Kragen, die dann eigenständig über den Gipfel hinausquellen.
- Aus dieser Wolke können bereits schon Schauer fallen.
- Nimmt Mächtigkeit am Abend nicht ab, dann rasche Veränderung der Wetterlage und Gewitterwahrscheinlichkeit; auf Luftdruckfall achten.
- Entwicklung zum Cumulonimbus (Gewitter!) beobachten.

Abb. 87 *Cumulonimbus capillatus incus, Gewitterwolke mit Amboss – Cb*

- Quellwolke mit Gipfel (Amboss), der Amboss besteht aus Eis.
- Im Sommer in mittleren Breiten über 8 km, in den Tropen über 15 km hoch.
- besonder sin sie auf der kalten Rückseite von Tiefdruckgebieten und hinter Kaltfronten zu beobachten.
- Es ist immer mit Gewittern rechnen.
- Nach heißer Sommerwitterung oft Umstellung der Wetterlage.

Abb. 88 *Cumulonimbus mamma, Schauerwolke mit Hagelbäuchen- Cb*

- Diese Wolenform ist auf der Unterseite von extrem entwickelten Gewitterwolken(Cumulonimben) zu sehen, es hängen rundliche Wolkenelemente (Mamma-Form).
- Vor allem im Sommerhalbjahr über aufgeheiztem Land.
- Aus diesen Formen können sich Windhosen, Tromben oder sogar Tornados entwickeln.
- Mamma-Formen sind typisch unmittelbar vor Gewittern.
- Extreme Böen (Windstärken 10 bis 12) sind möglich.
- Häufig schwerer Hagelschlag.

Abb. 89 *Nimbostratus praecipitatio, Regenschichtwolke – Ns*

- Die Wolke, die mit Sicherheit schlechtes Wetter bringt. Tiefhängende Wolken und dazu oft Dauerregen
- Der Nimbostratus ist eine Schichtwolke, aus der gleichmäßig leichter bis mäßiger Regen – „Landregen" – fällt.
- Die Unterseite ist einförmig dunkelgrau und weist nur wenig Strukturen auf.
- Er ist der Okklusions-/Warmfront am Boden unmittelbar vorgelagert, die Breite dieses Wolken- und Niederschlagsbandes beträgt etwa 200 bis 300 km, es zieht in etwa 4 bis 8 Stunden durch.
- Nimbostratus ist meist begleitet von mäßigem, im Winterhalbjahr oft auch starkem Luftdruckfall.

Abb. 90 *Stratus nebulosus, tiefe Schichtwolke, im Hintergrund Nebel*

- Tief liegende, gleichförmige, hell- bis dunkelgraue Schichtwolke, häufig dicht über dem Erdboden oder aufliegend (bei Nebel, Sicht meist unter 1 km).
- Nicht selten von Sprühregen, im Winter auch gefrierendem Sprühregen mit Glatteis am Boden oder Raueis an Hindernissen begleitet.
- Bei Wind unangenehme Empfindung (feuchtkalt).
- Typischerweise findet man sie in oder am Rand von Hochdruckgebieten und im Warmsektor von Tiefdruckgebieten.
- Bei unverändertem Luftdruck ist keine rasche Wetteränderung zu erwarten.
- Bei steigendem Luftdruck und absinkender Wolkenuntergrenze: weitere Wetterstabilisierung.

Abb. 91 *Altostratus translucidus, mittelhohe Schichtwolke, Sonne durchscheinend – As*

- Gleichförmige graue oder grau-bläuliche Wolkenschicht großer horizontaler Ausdehnung, die Sonne nur in stark abgeschwächter Form hindurchscheint.
- Häufig fällt aus dieser Schicht leichter Regen.
- Er stellt eine Mischwolke dar, das heißt, er besteht aus unterkühlten Wassertröpfchen und Eiskristallen.
- Diese Wolke findet man typischerweise vor Warmfronten und Okklusionen
- Wird er dichter und Cirruswolken sind vorangegangenen, dann ist mit gleichzeitigem Druckfall bald mit Regen zu rechnen.

Abb. 92 *Altocumulus stratiformis perlucidus, mittelhohe, dünne Haufenwolke („Schäfchenwolke“)*

- Kleine und dünne, regelmäßig angeordnete Cumuluswolke
- Die Zwischenräume sind klein und die Wolken dünn, sodass Sonne und Mond durchscheinen können, nur einzelne Wolken sind mächtiger und dunkler.
- Um die Sonne sieht man häufig farbige Kränze.
- Er tritt häufig vor Kaltfronten auf.
- Ohne Luftdruckfall und ohne Bewölkungsverdichtung bleibt die Wetterlage voraussichtlich stabil.
- Rückt diese Wolken als „Wand“ heran der Luftdruck fällt, dann nähert sich oft eine Kaltfront mit bald einsetzendem Niederschlag

***Abb. 93** Altocumulus lenticularis, mittelhohe, linsenförmige Wolke („Föhnwolke")*

- Sie ist in Lee von Gebirgen zu beobachten (Föhnwolke!!!)
- Linsenförmige Wolken mit sehr heller Ober- und dunkler Unterseite in einigen km Höhe.
- Auf der Oberseite sind sie durchscheinend und schillern farbig in Sonnennähe.
- Sie ist in Lee von Gebirgen zu beobachten (Föhnwolke!!!). Es herrscht dann meist sonniges Wetter mit starken und böigen Winde. Verstärkt und verdichtet sich die Bewölkung, so ist mit baldigem Föhnzusammenbruch und Kaltfrontdurchgang zu rechnen.
- Für ihre Entstehung sind starke, quer zum Gebirgskamm wehende Winde erforderlich.

Abb. 94 *Altocumulus castellanus, Cumuluswolke mit türmchenartigen Quellungen*

- Türmchen- oder zinnenartige Quellungen, häufig in langen Bändern angeordnet.
- Besonders gut entwickelt zeigen die Türmchen auch Ambossform wie bei einem Cumulonimbus.
- Die Castellanuswolken entstehen insbesondere in den Frühstunden, sie verschwinden dann wieder durch die starke Sonneneinstrahlung.
- Zeigen sich diese Wolken am frühen Morgen, dann ist spätestens am Nachmittag wahrscheinlich mit Gewittern und dem Durchgang einer Kaltfront zu rechnen.
- Werden sie in großer Zahl beobachtet, so treten meist wenig später Gewitter auf.
- Gewitter, selbst in größerer Entfernung, sind im Radio (LW, MW) durch Knistern und Knacken wahrzunehmen.
- Auch das vollständige Verschwinden am Vormittag darf nicht über die Gefahr einer Gewitterfront am Nachmittag hinwegtäuschen. Solche Wetterlagen werden besonders im Spätsommer und Herbst angetroffen.

Abb. 95 *Cirrus fibratus, hohe, faserige Eiswolke – Ci*

- Cirrus tritt in großer Höhe auf.
- Diese Wolken bestehen aus Eisnadeln. Manche Formen erinnern an Eisblumen.
- die Sonne fast ungehindert hindurch scheinen.
- am Abendhimmel leuchtet Cirrus fibratus oft lange nach Sonnenuntergang in gelben und roten Farben.
- Diese Wolken sind häufig Reste von Kondensstreifen oder Schauerbewölkung.
- es handelt sich nicht um eine typische Wolke, welche vor der Annäherung einer Warmfront oder Okklusion zu beobachten ist.

Abb. 96 *Cirrus uncinus, hohe hakenförmige Eiswolke – Ci*

- Diese Eiswolken, werden ihrer hakenartigen Form wegen häufig auch als Hakencirren bezeichnet.
- Ihre langgestreckte Form deutet auf hohe Windgeschwindigkeiten und eine starke Windzunahme in der Höhe hin.
- Cirrus uncinus treten häufig beim Übergang vom Zwischenhoch zu nachfolgenden Tiefdruckgebiet auf. Sie sind oft erste Vorboten einer Warmfront.
- Diese Wolken häufig ein Indiz für ein heranziehendes Tiefdruckgebiet.

Abb. 97 *Cirrus und Cirrostratus, hohe Eiswolkenschicht; beginnender Aufzug – Ci/Cs*

- Die Cirruswolken verdichten sich zum Horizont hin, der Cirrostratus verdichtet sich.
- Sie treten häufig im Bereich von Warm- und Okklusionsfronten auf.
- Cirrus und Cirrostratus deuten in dieser Form eine Wetterverschlechterung an.
- Je nach Verlagerungsgeschwindigkeit der Front kommt die Wetterverschlechterung nach etwa 12 bis 18 Stunden.

***Abb. 98** Cirrostratus nebulosus (mit Halo), hohe, schleierförmige, dünne Schichtwolke (mit Sonnenring), den ganzen Himmel bedeckend – Cs*

- Ein kaum wahrnehmbarer, dünner Schleier von hohen Schichtwolken überzieht große Teile des Himmels.
- Nur die blaue Farbe des Himmels erscheint etwas blasser.
- Um Sonne und Mond zeigen sich dabei eindrucksvolle Lichterscheinungen, meist in Form eines großen Ringes (Halo) oder auch heller Lichtflecke neben, über oder unter der Sonne (Nebensonnen), seltener in Form von Säulen oder Bögen.
- Die optischen Erscheinungen entstehen durch Brechung und Reflexion des Sonnen- bzw. Mondlichtes an den Eiskristallen der Wolken.
- Diese Wolke tritt auf der Vorderseite von Tiefdruckgebieten auf.
- Er ist Teil der Bewölkung vor Warm- und Okklusionsfronten.
- In etwa 12 bis 18 Stunden ist mit einer Wetterverschlechterung (Regen, Windzunahme) zu rechnen.

Abb. 99 *Kondensstreifen*

- Häufig beobachtet man hinter hoch fliegenden Flugzeugen mehr oder weniger langgestreckte schmale Wolkenbänder, sogenannte Kondensationsstreifen.
- Bei der Verbrennung des Treibstoffes in Flugzeugtriebwerken werden beträchtliche Mengen von Wasserdampf freigesetzt.
- Die hohe Temperatur der Abgase senkt zwar die relative Feuchte der Mischluft hinter dem Flugzeug, das darin enthaltene Wasser lässt die absolute Feuchte aber ansteigen, sodass es zur Kondensation kommen kann.
- War der Himmel bisher unter Hochdruckeinfluss wolkenlos, so zeigt deutet das Entstehen von Kondensstreifen auf einsetzende Hebung in der Höhe hin, oft der Beginn einer Wetterverschlechterung.

Windgeschwindigkeiten über Deutschland

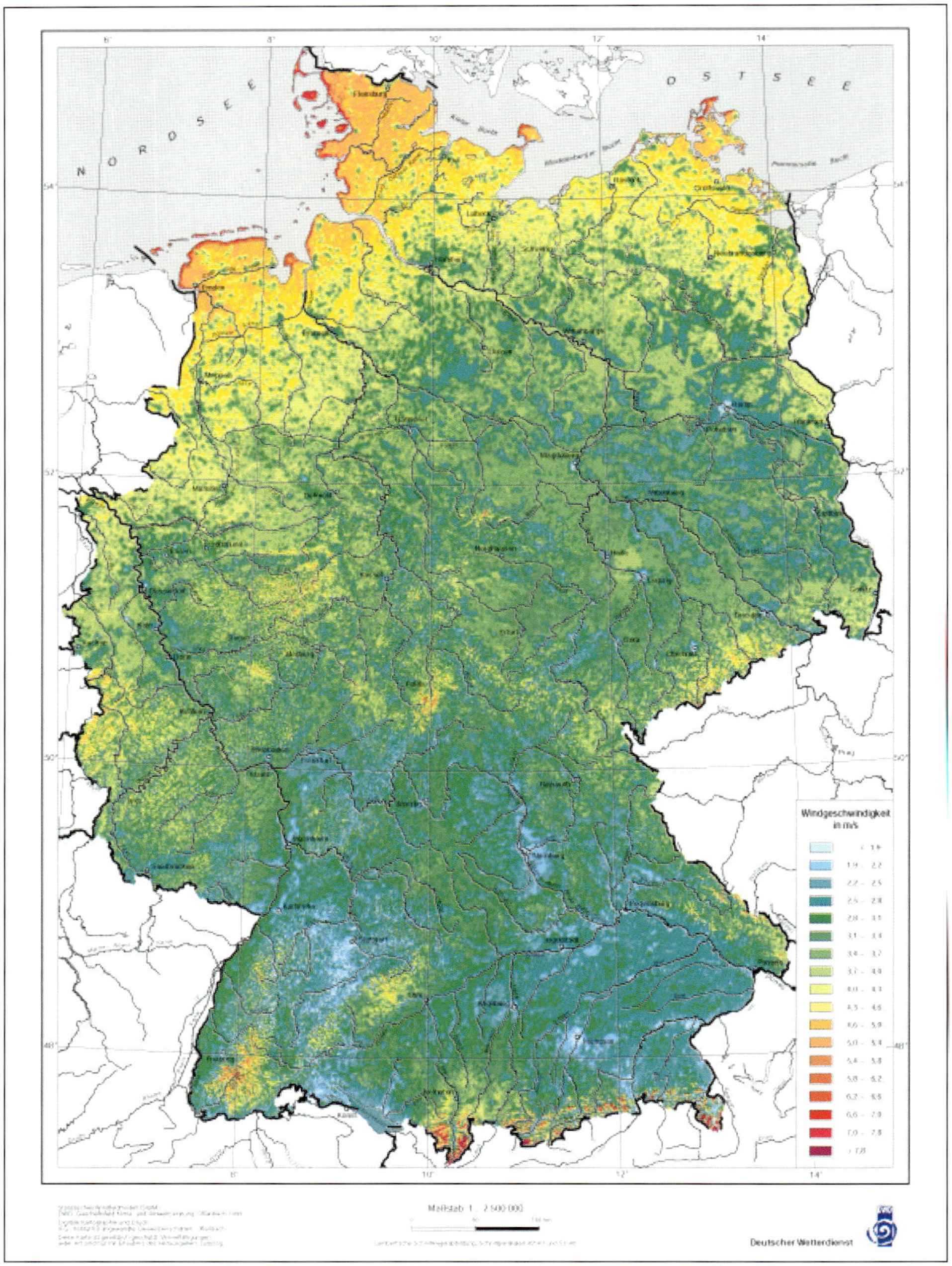

Abb. 100
Mittlere jährliche Windgeschwindigkeit in 10 Meter über Grund, Zeitraum 1981-1990.

Meteorologische Begriffe

Begriff	Bedeutung
Ausläufer	Umschreibung für eine Okklusion
Bodennebel	flacher Nebel, Himmel erkennbar
Bodennebelfelder	flacher Nebel, nicht zusammenhängend, Himmel erkennbar
Frost	Lufttemperatur unter 0 °C
Frühnebel	Nebel löst sich am Vormittag auf
gefrierend	flüssiger Niederschlag, friert beim Auftreffen am Boden an
Gewitter	Gewitter, Donner hörbar
Gewitterböen	Gewitter mit Böen mindestens 7 Windstärken
Gewittertief	Tief, in dem zahlreiche Gewitter auftreten
gewittrig	von kurzen Gewittern begleitet
Graupelschauer	undurchsichtiger fester Niederschlag, aus Schnee zusammengeballt
Hagelschauer	glasiger fester Niederschlag, aus Eis bestehend
Hoch	Gebiet hohen Luftdruckes
Kaltfront	Front mit einsetzender Kaltluftzufuhr
kt	Knoten, Einheit der Windgeschwindigkeit
Lufttemperatur	Lufttemperatur in 2 m Höhe über dem Erdboden
Nebel	Sicht unter 1 km
Okklusion	Zusammenschluss von Kaltfront und voranschreitender Warmfront
Orkan	Windgeschwindigkeit mindestens 64 kt (Windstärke 12)
Orkanböen	Böen erreichen mindestens 64 kt (Windstärke 12)
Orkanstärke	Windgeschwindigkeit mindestens 64 kt (Windstärke 12)
Orkantief	Tief, in dessen Bereich mindestens Windstärke 10–12 vorkommt
Randtief	Tief, aus Welle an Kaltfront entstanden, bleibt im Bereich des Haupttiefs
rechtdrehend	Wind dreht im Uhrzeigersinn um mindestens 45 Grad nach rechts (z. B. von West auf Nord)
rückdrehend	Wind dreht gegen den Uhrzeigersinn um mindestens 45 Grad nach links (z. B. von West auf Süd)

Begriff	Bedeutung
Rückseite	Bereich nach Kaltfrontdurchgang, ggf. noch mit Trog
schwachwindig	Windstärke 3 und weniger, Richtung veränderlich
stürmische Winde	Windstärke 7–8
Sturmböen	Böen Windstärke 8 und 9
Sturmtief	Tief, in dessen Bereich mindestens Windstärke 8 vorkommt
Tief	Gebiet tiefen Luftdruckes
Tiefausläufer	gleichbedeutend mit Ausläufer (Okklusion)
Tiefdrucksystem	System mehrerer Tiefdruckgebiete
Tiefkern	Ort des niedrigsten Luftdrucks in einem Tief
Trog	zyklonale Ausbuchtung der Isobaren auf der Tief-Rückseite
verbreitet	in mehr als 50 % des Vorhersagegebietes
vereinzelt, einzelne	in kleineren Teilen eines Gebietes
Vorderseite	Gebiet vor Durchzug einer Warmfront oder Okklusion
Warmfront	Front mit Erwärmung, gefolgt vom Warmsektor
Zyklone	anderes Wort für Tief

Internet-Adressen (Auswahl)

Deutscher Wetterdienst: *http://www.dwd.de*

Wetter.Com: *http://www.wetter.com*

Wetterzentrale: *http://www.wetterzentrale.de*

Windfinder: *http://www.windfinder.com*

Wetteronline: *http://www.wetteronline.de*

Stichwortverzeichnis

Literatur- und Abbildungsverzeichnis

Literaturverzeichnis

ABLES, E. D. (1969): Activity studies of red foxes in southern Wisconsin. Journal of Wildlife Management, 33, 145 - 153

ARNOLD, W. (2002): Der verborgene Winterschlaf. Die Pirsch 24, 4-9

AUTORENTEAM DES SEEWETTERAMTES (2002): Seewetter. DSV-Verlag, Hamburg

AUTORENTEAM DES SEEWETTERAMTES (2001): Der kleine Wolkenatlas. DSV-Verlag, Hamburg

BOCH, J., SCHNEIDAWIND, H. (1988): Krankheiten des jagdbaren Wildes. Verlag Paul Parey, Hamburg und Berlin

BENINDE, J. (1937): Naturgeschichte des Rothirsches. Verlag Paul Schöps, Leipzig

BRIEDERMANN, L. (1990): Zur räumlichen Verteilung von Mufflons im Lebensraum. Säugetierkundl. Info., Jena 3, 115-132

BRIEDERMANN, L. (1993): Unser Muffelwild. Verlag Neumann-Neudamm, Morschen-Heina

BRIEDERMANN, L. (1990): Schwarzwild. Deutscher Landwirtschaftsverlag, Berlin

DAVID, A. (2003): Aus dem Vollen schöpfen – Entenjagd und -hege. Wild und Hund 22, 12-16

DAVID, A. (2003): Frühe Jagd bringt gute Strecke. Wild und Hund 23, 14-18

DIEZEL, C. E. (1849): Erfahrungen auf dem Gebiet der Nieder-Jagd. Kohler und Teller, Offenbach

GEISEL, O. (1995): Wildkrankheiten erkennen und beurteilen. BLV Verlagsgesellschaft, München

GRÄFNER, G. (1986): Wildkrankheiten. VEB Gustav Fischer Verlag, Jena

GORETZKI; PAUSTIAN (1982): Zur Biologie des Rotfuchses Vulpes vulpes (L., 1758) in einem intensiv landwirtschaftlich genutzten Gebiet. Beitr. z. Jagd- u. Wildforschung, 12, 96-107

HACKLÄNDER, K.; KLANSEK, E.; RUF, T.; ARNOLD, W. (2002): Lampes Lichtblick. Wild und Hund 18, 42-45

HARNISCH, J. (1998): Iltis, Hermelin und Mauswiesel – Spezialisten mit schwindendem Lebensraum. Wild und Hund-Exklusiv 10 Raubwild, S. 50-59, Paul Parey Zeitschriftenverlag, Singhofen

IPPEN, R.; NICKEL, S.; SCHRÖDER, H.-D. (1995): Krankheiten des jagdbaren Wildes. Deutscher Landwirtschaftsverlag, Berlin

LABHARDT, F. (1990): Der Rotfuchs. Verlag Paul Parey, Hamburg und Berlin

LILJEQUIST, G. H.; CEHAK, K. (1984): Allgemeine Meteorologie. Braunschweig

MEYERS KLEINES LEXIKON DER METEOROLOGIE (1987). Mannheim/Wien/Zürich

MISSBACH, K. (1966): Wildverluste durch Waldbrände. Beitr. z. Jagd- u. Wildforschung, 5, 135-142

NEUMANN, A. (1975): Zum Territorialverhalten des Schalenwildes. Beitr. z. Jagd- u. Wildforschung, 9, 96-110

PENZLIN, H. (1977): Lehrbuch der Tierphysiologie. Gustav Fischer Verlag, Stuttgart und New York

PETRAK, M. (2000): Jagdreviergestaltung – Wildlebensräume planen, entwickeln, erhalten. Franckh-Kosmos Verlags GmbH & Co, Stuttgart

PIEGERT, H.; ULOTH, W. (2000): Der Europäische Mufflon. Edition Natur life im DSV-Verlag, Hamburg

RAESFELD, F. v.; REULECKE, K. (1988): Das Rotwild. Verlag Paul Parey, Hamburg und Berlin

RATH, H. (1986): Herbstwitterung und Hasenstrecken. Wild und Hund 12, 5-9

REMMERT, H. (1980): Ökologie. Springer-Verlag, Berlin Heidelberg New York

ROESE, A. (1990): Vergleichende Untersuchung über Ökologie und Rückgangsursachen des Rebhuhns (Perdix perdix Linné 1758) in Niedersachsen. Forschungsendbericht Teil 2 des Rebhuhnforschungsprojektes der Landesjägerschaft Niedersachsen

RUF, T. (1998): Wie Feldhasen mit der Hitze umgehen. Österreichs Weidwerk 8, 8-9

RUTSCHKE, E. (1989): Die Wildenten Europas. Deutscher Landwirtschaftsverlag, Berlin

SAMBALE, B. (1953): Beobachtungen an einer Merino-Landschaf-Stammherde. Diss. Univ. Stuttgart-Hohenheim

SCHMIDTMANN, F. (1958): Atmender Wald. Wild und Hund 12, 61. Jhrgg., 227

SCHUHMACHER v. MARIENFELD, S. (1956): Jagd und Biologie. Universum Verlag, Innsbruck

SODEIKAT, G. (2000): Sauen, Sauen, Sauen. Wild und Hund 23, 37-39

STUBBE, C. (1997): Rehwild. Parey Buchverlag, Berlin

ZEEB, U. (1990): Verhalten von Damwild im Vergleich zum Rotwild. Dissertation Universität Stuttgart-Hohenheim

Abbildungsverzeichnis

Andreas David: Wildbiologe, seit 1990 Redakteur der Jagdzeitschrift Wild und Hund, zuvor wissenschaftlicher Mitarbeiter beim Nationalpark Berchtesgaden und am Zoologischen Institut der TU Braunschweig, Leiter der Jungjägerausbildung im Landkreis Lüneburg.

Dr. Kurt Menzel: Jagdwissenschaftler und Buchautor mit großer Jagdpraxis. Er leitete von 1974 bis 1997 das Bundesforstamt Siebensteinhäuser in der Lüneburger Heide und gehört zu den besten Schalenwildkennern Deutschlands.

Ralf Brauner: Diplom-Meteorologe, seit 1992 in der See- und Flugwettervorhersage des Deutschen Wetterdienstes in Hamburg, sowie auf den Forschungsschiffen POLARSTERN und METEOR. Als begeisterter Fahrten- und Regattasegler ist er mit seiner Segelyacht oft unterwegs auf Nord- und Ostsee.

Impressum

ISBN 3-88412-383-1

Wetter · Wild · Jagd
Andreas David · Kurt Menzel · Ralf Brauner

1. Auflage 2004

Herausgeber	Edition Natur*life* im DSV-Verlag GmbH, Hamburg
Layout	Werner Isensee, Hamburg
Lektorat	Dr. Martin Kühnel, Halle/Saale
Druck	Merkur Druck GmbH, Norderstedt

Printed in Germany